続・企業内研修にすぐ使えるケーススタディ

自分で考え、行動する力が身につく

日本能率協会コンサルティング／編著

はじめに

　経営環境が厳しく、変化のテンポも目まぐるしい時代に求められる人材は、日々起きる問題を自分で判断し、解決していく自律型人材であろう。つまり、上位者の指摘を受けるまでもなく早期に問題を発見する問題発見力、実効ある対策を立案する問題解決力、対策を実施して効果を実現する実行力を身につけ、自律的に力を発揮することが求められる。

　ケーススタディとは文字どおり、実際に起こったこと、あるいは起きそうな事例を研究の題材として、問題の発見から解決策の立案までを行なうことにより、問題発見力、問題解決力、業務遂行能力を体験的に高めようとするものであり、自律型人材の育成に適している。そのため近年、企業内研修でケーススタディを用いたいという要請が多くなっており、今後も人材育成の有効な手段として用いられていくものと思われる。

　本書は、1998年に発行された「企業内研修にすぐ使えるケーススタディ」の続編として発行するもので、時代に即した新しいケースを収録している。執筆メンバーは、日本能率協会コンサルティング（JMAC）のコンサルタントであり、さまざまな企業でコンサルティングにあたっている。その経験にもとづき、近年話題となっている事例17編を取り上げた。いずれも、多くの企業に共通して発生した、あるいはどこの職場でも起きそうな問題を題材としている。特定の企業で実際に生じたものではないが、ある程度実態を踏まえており、類似の問題や事件が起きる可能性はきわめて高く、ケーススタディに広く用いることができる。

　それぞれのケースは、「設問」「ケースのねらい」「主な登場人物」「事例（ケース内容）」「解題（最低限気づいてほしいこと）」で構成した。このため研修の場だけでなく、個人研究でも十分に利用できるはずである。物語仕立てになっているので、通勤途中に気楽に読むこともできる。ただし、設問に取り組む際には、真剣に考えていただきたい。

ケーススタディには絶対的な正解はない。したがって「解題」では、「設問」に関してすべての読者に気づいてほしい問題点と解決策を中心に示した。もちろん高い理想と広範な問題意識を有している読者は、もっと多くの問題点と解決策を見出すことができるだろう。「解題に示されていない問題点と解決策を数多く見つけ出す」ことに、個人研究として挑戦してもおもしろい。実はコンサルタントもこのような議論を経て、必要性と実現可能性を満足する解決策を模索して提案しているのである。

　また、設問を変えれば当然、解題も異なるはずである。研修で用いるなら、多様な設問を用意すると応用範囲も広がるだろう。解題に縛られることなく自由に発想していただきたい。

　ケーススタディはだれかにやらされるものではなくて、ケースを通じて自ら興味を持って新しい気づきを抽出し吸収していくものである。前書ともども、活用していただければ幸いである。

2018年10月
日本能率協会コンサルティング
チーフ・コンサルタント
増山　弘一

目次

はじめに

本書の使い方 ……………………………………………………… 11

1. ケーススタディの特色
2. ケーススタディの基本ステップ
   事前準備／個人研究／グループ討議／全体討議／講評／職場での応用とトレーニング
3. 研修効果を高める工夫
   ケースの選び方／職場での自己革新フォロー要請
4. 自社版のケース創作のポイント
   既存のケースに手を加えて創作する／新たに創作する
5. インストラクターの役割と留意点

［ケーススタディ］

人材育成

1. キャリアアップを意図した積極的OJT ……………………… 25

［設　問］自身の職場でOJTを確実に実践する仕組みを検討する
［ケース］組織ぐるみで人材育成を／OJTとは意図的に育成すること／テーマの割り振りと取り組み結果／上野リーダーの振り返り／真のOJTの推進
［解　題］キャリアアップを意図したOJT／プロジェクティブOJTのすすめ／プロジェクティブOJTの限界と対処法

営業活動

2. がんばろう型営業からの転換 ……………………………… 38

［設　問］営業目標達成のために課長が実施した施策を評価する
［ケース］「何がなんでも売ってこい」／「足を使って件数を稼ぐ」営業の

　　　　限界／得意先の意向は調べたものの…／年度末の大幅値引きが
　　　　常態化
　［解　題］２つの施策の評価／営業部門がすべきこと

CS向上活動

３．CS活動推進とリーダーの役割 …………………………… 47

　［設　問］CS（お客さま満足）活動に本気で取り組ませるためにすべきこ
　　　　とは何か
　［ケース］計画の甘さと取り組みの停滞／メンバーはCS活動をどの程度
　　　　理解しているのか／問題点共有や原因分析を実施した部門との
　　　　差／CE各人が主体的に取り組めるよう、活動目的の理解を促す
　［解　題］浅田センター長に不足していたこと／問題点の共有と「思い」
　　　　の共有

人材育成

４．「イマドキ」の若手部下の育成 ……………………………… 58

　［設　問］若手層のスキルアップのための施策を評価する
　［ケース］最近の若手社員は本当にダメなのか／ロールプレイで何を学ぶ
　　　　か／「コンパクト」をお客さま目線で伝える
　［解　題］得意先への同行／営業会議のなかでロープレを実施

キャリアデザイン

５．定年後に向けたキャリアデザイン ……………………………… 65

　［設　問］ミドル層社員のキャリアデザインのあり方やポイントを抽出する
　［ケース］キャリアは自然体で受け入れるものか、自らつかむものか／ベ
　　　　ンチャー経営者となった旧友との出会い／尊敬する元上司の定
　　　　年退職後の立場／定年後も社内で活躍できる人は何が違うのか
　　　　／会社や組織に貢献できる自分の強みは何なのか
　［解　題］なぜキャリアデザインが重視されるのか／キャリアデザインの
　　　　プロセス／年代別のキャリアデザイン／40代のキャリアデザ
　　　　イン

サービス現場のマネジメント

6．レストラン店長のマネジメント業務 …………………… 79

- ［設　問］店長に必要なマネジメントは何か
- ［ケース］スタッフの役割分担と店長業務／スタッフたちの悩み／スタッフ育成とサービス向上の取り組み
- ［解　題］業績のマネジメント／スタッフのマネジメント／サービスのマネジメント／顧客のマネジメント

ナレッジ活用

7．「お客さまの声」の活用 …………………………………… 89

- ［設　問］お客さまの声を活用する方策を考える
- ［ケース］マーケティング部での初仕事／開発部門へのヒアリング／お客さま相談室へのヒアリング／お客さまの姿をどうとらえるか
- ［解　題］お客さまの声活用のポイント／寄せられた声の記録法と情報の読み取り方

クレーム対応

8．クレーム対応の原則構築 ………………………………… 100

- ［設　問］お客さまとの対応で失敗した原因を整理する
- ［ケース］クレーム対応におけるお客さま相談室と営業担当者の役割／異物混入クレームの入電／同一人物からの2度目の弁償要求／間違った対応でこじれた問題を収束させる／リスク管理の視点
- ［解　題］クレーム対応における「3つのル」／今回のクレーム対応の問題点／「責任ある対応」と経営者の役割

組織活性化

9．従業員意識調査と組織活性化推進 ……………………… 110

- ［設　問］従業員意識調査を踏まえた活性化プロジェクトを立案する
- ［ケース］全社活性化プロジェクトの始動／プロジェクト発足の打ち合わせ／プロジェクトミーティング／全社活性化プロジェクトに対するメンバーの本音

［解　題］従業員意識アンケート調査結果の公表／活性化プロジェクトの進め方

問題解決

10. 問題解決技法の職場での実践 …… 120

［設　問］職場の問題点、解決策の検証方法、解決のための行動をあげる
［ケース］総務課に対する社内他部門の声／問題点の共有化（問題仮説の検討）
［解　題］この職場の問題点（仮説）／問題点検証のための調査・原因究明／実施すべき対策とその推進体制

部門間連携

11. 営業と営業サポート部署の連携 …… 128

［設　問］亀裂が生じている部署間の連携改善案を策定する
［ケース］曖昧な業務分担と関係部署間の軋轢／発注量と入力・納品ミスの事実確認
［解　題］事実確認と隠れた課題の把握／営業部の改善への取り組み

展開型プロジェクト推進

12. ボトムアップの生産性向上活動 …… 135

［設　問］CI活動（チャレンジ行動促進）推進の仕掛けを立案する
［ケース］業務生産性向上活動の推進／担当者の認識と本音／ワーキングリーダーの認識／課長の振り返り／活動推進のための組織マネジメント
［解　題］組織マネジメントのポイント（「or発想」から「and発想」への転換／「自分事化の場」を設定し、受け身からの脱却をはかる／「即決改善」で通常業務から無駄を省き時間を捻出する／犯人捜しから対策検討へ／組織員全員で問題解決を分かち合う）

プロジェクト運営

13. 合併企業のシナジー発揮 …… 149

［設　問］新規プロジェクトでシナジーを発揮するための活性化策を企画

　　　　する
　［ケース］プロジェクト発足の背景／D2プロジェクトの現状／進捗ミーティング／酒場でのガス抜き／足立リーダーに直訴／C2プロジェクトの状況／セミナーで目から鱗／活性化施策を足立リーダーに提案
　［解　題］信頼・貢献バリューの醸成／活性化施策（解題）の検討

ナレッジ活用

14. ナレッジ共有による指標改善の取り組み …………… 163
　［設　問］数値指標を改善するための施策を考える
　［ケース］鳴りやまない電話／月末報告会にて／主任への改善要求と新たな悩み／二人の主任の取り組み／現場でのキャンセル案件等の確認
　［解　題］課長の意図と担当者の受けとめ方のギャップ／指標改善に向けた取り組み

業務改革

15. 成果のあがる業務改革改善活動 …………………… 173
　［設　問］業務改善を成果につなげるためのポイントは何か
　［ケース］業務改善活動のリーダー役の打診／定例ミーティングでの相談／ミーティング終了後の会話／改善アイデア検討ミーティング／白石から桜井課長への報告／その後の状況
　［解　題］改善活動の進め方／改善の着眼点

部門間連携

16. 全社的視点にもとづく業務効率化 …………………… 184
　［設　問］部門間連携のあり方、両部門の業務効率化、コミュニケーション不足の解決策を考える
　［ケース］資料の授受と配布（総務部⇔各部）／報告資料の作成（センター⇔本部）／お客さまとの電話のやりとりと訪問対応（センター⇔営業部門）／問い合わせ内容の分析とフィードバック（センター⇔各部）

［解　題］部門間における資料の確実な受け渡し／報告書の利用目的とデータの活用法を明確にする／プロジェクトチームを通じた部門間連携の検討

企業体質改革

17.「選ばれる病院」への変革 ……………………………… 196
［設　問］医療機関が患者の本音を経営に取り入れる方策を考える
［ケース］早期退院患者の急増／アンケートで示された実情／顧客の真意が反映されない改革の行方
［解　題］患者満足度調査を阻害する「二重の壁」／医療機関における顧客の本音の聴き方、受けとめ方

表紙デザイン──林　一則

本書の使い方

1. ケーススタディの特色

　ケーススタディとは疑似体験を通じ、事象に対する自分の見方・考え方を客観的に評価し、さらに別な見方・考え方を発見して、よりベターな判断・行動がとれるように自らトレーニングする教育方法である。

　実際の職場では、毎日多くの異なった問題が発生しており、ケースと同じ解決策が適用できるわけではない。しかし問題を発見するための視点や問題を解決するための発想法は実体験でも疑似体験でも共通するものが多く、応用が可能である。いやむしろ疑似体験のほうが客観的に見方・考え方を整理することができ、適切といえよう。なぜならば、実際にあなたの職場で起きている問題に対してあなたは当事者であり、問題を急いで解決することに追われ、自分の考え方を客観的に分析する余裕を見つけ出すのは困難だからである。

　また、日常の業務遂行には知識以外に経験が必要とされる。たとえばある日、あなたの部下から業務上のトラブルを訴えられたとしよう。あなたは何が起きたのかは理解できるが、トラブルの内容は初めて遭遇するものなので、どうしたらよいのか判断ができない。部下に何を指示したらいいものかわからない。こんなとき、たとえ疑似体験であっても同じような状況を経験していれば、解決策そのものは答えられなくとも、解決の糸口をつかむための情報収集や検討視点の指示はできるはずである。

　研修に多く用いられる手法としては、講義法、討議法、ケーススタディなどがある。はじめにそれぞれのメリットとデメリットを簡単にまとめておこう。

1◆知識を学ぶ講義法

　講師による講義法は、企業内研修、公開研修を問わずもっとも多く使われている研修手法で、参加者が新しい知識を得るのに適している。参加者は特

別な予備知識を必要とせず、比較的短い時間でいろいろなレベルの人材を大量に教育できる。

しかし、直接的に得られるのは知識が中心であり、また講師からの一方的なレクチャーに偏りがちで、参加者の吸収する力や問題意識によって研修効果に大きなバラツキが出る。そのため、参加することが目的になってしまい、形式的な研修になりがちというデメリットが指摘されている。

2◆意見を知る討議法

あるテーマについて数人で討議を繰り返しながら結論を導き出していく討議法は、当該テーマについて深く考察でき、他者との討議を通して新しい気づきを得られるという点がメリットである。

しかし、参加者に共通するテーマをあらかじめ多数用意することがむずかしいこと、逆に経験がありそうな身近なテーマを取り上げると当事者となってしまい主観的な意見（言い訳や批判など）で占められてしまうこと、同時に多人数での討議ができないことなどがデメリットとして考えられる。

3◆自分をシミュレートするケーススタディ

ケーススタディは一つのケースを題材とし、すべての参加者に同じ情報が与えられることから、参加者の事実に対する認識を揃えやすい。つまり、導き出される回答結果の差は参加者各人の事象に対する解釈や思考の違いだといえる。そこで、他者の意見と比較することで、一つの事象に対する新しい見方や考え方を発見し、身につけることができる。

一方、目的に合った臨場感のある適切なケースが少ないこと、一通り研修を行なうには長時間を要すること、多人数を対象とした研修が困難なことなどがデメリットとしてあげられる。

2. ケーススタディの基本ステップ

一般的なケーススタディは以下のステップで実施される。
① 事前準備
② 個人研究
③ グループ討議
④ 全体討議

⑤講評
⑥職場での応用とトレーニング

　このうち、「個人研究」から「講評」までが、参加者が集合する研修の場で行なわれるが、研修時間に制約がある場合などはケースを提供するメディア（印刷物やDVDなどの配布、ネット配信、指定番組視聴、指定図書閲読など）を工夫すれば、個人研究は事前に進めることができる。

事前準備
　研修に入る前に、参加予定者に対して次のような働きかけをしておきたい。
1◆ねらいと手順の説明
「何をねらいとして、このケーススタディを行なうのか」、その意義と心構え、そして一連の手順をできるだけ丁寧に説明し、浸透させておく。特に自分のための研修であること、自ら求めなければ効果がないことを強調したい。直前までなんの準備もせず、研修会場に着いてから初めてケースを読んでいるといった「やらされ感が漂う」参加者をときどき見かけるが、そうしたことのないようにしたい。
2◆ケースの準備と提供
　ねらいの説明と同時に、研究に用いるケース内容もプリントアウト等して配布するとよい。ケースは、自社で創作する、市販のケース集から引用する、歴史書・小説から引用する、などにより準備する。
　参加者へは、文章や絵（漫画）を用いた印刷物、実写・アニメなどの映像を収めた光学ディスク、またはそれらのネット配信であれば事前配布が可能である。これらは繰り返し確認できることが強みであり、印刷物であればメモを追記して思考を深めることもできる。
　研修の場での朗読や寸劇の上演なども使うことができる。これらは、いわば動体視力のトレーニングで、「とめどなく進む事態から、その場で問題点に気づく」という実際的なスキルの訓練に向いている。

個人研究
　個人研究は、参加者自身がケースのなかの問題に対して自分なりに考え、

自分なりの結論をはっきりさせることをねらいとする。

1◆ケースの理解

ケースを理解することは、問題の発見、解決策の立案のための前提条件である。したがってストーリーだけでなく、組織、登場人物の性格や背景、事実関係やつながり、心理状態なども読み取る必要がある。登場人物の立場で、あるいは第三者として客観的になど、いろいろな見方をしてみると視野が広がる。

2◆問題の発見

ケースに盛り込める情報量は、現実と比較するとけっして多くはない。ましてケーススタディではキーとなる問題が比較的容易に発見できる。しかし、問題とは理想と現実とのギャップである。したがって、理想が高ければ高いほどケースから多くの問題を発見できるだろう。

理想の状態を改めて考えたことがなくても、ある事象と接したときに「何か変だ」「まずいような気がする」と感じたときは、直感的に理想を描いているものである。自分の考える理想を明らかにする意味でも、ここでは解決策を先読みせず、事実にもとづき問題だと思われる点をできるだけ多くあげるとよい。

問題発見のステップでは、いままさに対応を必要としている顕在化している問題のほかに、それを引き起こす原因となりそうな事象（原因的問題）も見逃さずに指摘することが大切である。些細な原因的問題が積み重なって大きな問題となって火を噴くこともある。気づいたこと、気になる点はすべて指摘しておこう。

そして原因となった事象と結果として起きた問題を関連づけて整理しておくと解決策の立案に役立つ。これは、どの時点での事象に対して手を打つかによって解決策が異なるためである。このような原因的問題は「なぜ、このような事象が起きたのか」という視点で分析すると発見しやすい。

また、ケースの終了時点では顕在化していないが、放置すると重大な事態を招くおそれのある「隠された」問題を指摘することも忘れてはいけない。これらはストーリーが進むと必ずや何かの原因となっているはずである。

現実の場面では、事象の根本にある原因的問題はすぐに影響が出るもので

はないので問題として認識しにくい。しかし原因に近い事象のうちに解決したほうが損失も少なく効果的である。あらゆる事実から原因を追究する論理的思考と、常に先を予見しながら原因的問題を早期に感じとる敏感さが要求される。ケーススタディはこのような能力を向上させるのに適している。

3◆解決策の立案

　解決策も問題の指摘と同様、できるだけ数多く立案することが重要である。できれば一つの問題に対して複数の案を持つことが望ましい。自由な発想で、理想的な解決策からとりあえずの解決策まで、いろいろなレベルで発案する。

　ともすると「忘れないように気をつける」とか「きっちり管理する」というような、心構えや取り組み姿勢に関する解決策が多くなりがちである。また、たとえば「コストが高い」という問題に対して「コストを下げる」といった対症療法的な解決策に陥りがちなので気をつけたい。

　社内の制度、手続き、ルール、仕事の方法、教育といった視点からの立案も考えられる。そしてできるだけ具体的な方法まで発想する。たとえば「どうしたら忘れないように注意力を保つことができるか」というように、細部まで詰めることがポイントである。

　そして、少なくとも問題発見ステップで指摘できた問題すべてに解決策を立案する。問題点と対応するよう解決策も整理しておくと実行案の選択に役立つ。より原因に近い問題点では予防的で恒久的な解決策が望ましく、一方でいままさに何らかの手を打たなければならない問題に対しては、その場を乗り切るために即座に実行できる解決策が望まれるだろう。

　一通り解決策を立案したら、解決策を評価してみる。評価の視点は実現性と効果性である。実現性では実施にかかるコスト、実施までの期間、実施主体やネックとなりそうな要因（社内要因：協力の得やすさなど。社外要因：取引先、顧客への影響など）について評価する。効果性では原因の解消効果、事態の沈静化効果（心理的な納得性も含む）、経営的なメリット（コスト抑制、品質向上、生産性向上、納期短縮、サービスレベル向上、モラール向上）などについて、効果の及ぶ範囲、大きさ、継続性を評価する。この実現性と効果性のバランスで実行する解決策を決める。

　問題発見のステップから解決策の立案、評価のステップの視点を整理する

図表◆問題の発見、解決策の立案、評価ステップの視点

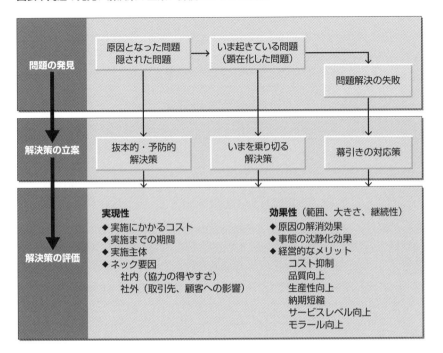

と図表のとおりである。

グループ討議

　個人の経験やそのときどきの環境によって発想には偏りが生じる。そこで、各人の個人研究の結果を持ち寄り、他の人との討議を通して、自分にない発想や意見に気づき、相互啓発することをねらいとしてグループ討議を行なう。進め方としては次の3つのステップをとることが一般的である。なお、一人ひとりの発言の機会を多くするために、一グループは5〜6名で構成し、討議の前にグループ内で進行、記録、発表などの役割を決めておくと発言の内容が脇道にそれずにスムーズな議論が期待できる。

1◆問題点の討議

　個人研究で各人が気づいた問題点をここで出し合う。グループメンバーが

問題点を共有することが必要であり、よくわからない点は理解できるまで丁寧に話し合う。また、自分が気づかなかった問題点が指摘されたら、なぜメンバーは問題と感じたのか、あるいはなぜ自分は問題と感じなかったのかを素直な態度で省察すると問題発見力の向上に役立つ。

　ここで注意したいのは、各人が一度解決策まで発想しているため、解決策を念頭において問題点を討議する傾向があることである。解決策から問題点を討議しては根本原因を正しく認識できない。解決策は次のステップで討議することを互いに確認し、まずは問題点の討議に集中する。

2◆解決策の討議

　このステップでは、当事者の立場に立って解決策を討議する。個人研究と同様の視点で解決策を立案・評価し、グループとしての解決策にまとめ上げる。解決策が一つにまとめきれない場合は複数案併記でもよい。

　解決策を討議する際は、グループ討議の基本に立ち返ることを意識してほしい。前段の問題点の討議では事実を客観的に分析するため、全員の認識を揃えることができ合意しやすいが、解決策となると各人の意見が合わずに、声の大きい人やはっきりモノを言う人の意見に左右されたり、不本意ながら自分の意見を取り下げるということが起きやすい。どの問題の何が解決され、結果としてどのような効果が出るのか、その解決策の緊急性、重要性、実施可能性はどの程度なのかの視点で討議する。

　意見を出すばかりでなく、他者の意見を聞くことも重要である。自分が考えつかなかった解決策が出されたときにその発想の原点を追究すれば、物事を見る際の新たな視点や発想法を身につけることができる。解決策の発想には、各人の経験や知識、考え方の違いが表出しやすい。ほかの人の思考を知るよいチャンスといえる。

3◆自己分析

　グループ討議の最後に、討議中に新たに気づいた問題点や解決策を通して、自分の発想方法や視点について整理する時間を設けるとよい。これは、自分の発想の癖や欠けていた点を分析するということである。個性とは、他と比較して初めて認識されるものであり、このような自己分析を通じて、現在の自分の個性が認識され、これから身につけたい力（発想法、思考法、知識、

視点など）が明らかになってくる。自己分析を行なうことによって相互啓発の効果をより高めることができる。

全体討議

　全体討議は各グループの討議結果を互いに紹介し、より広く意見を交換して視野を広げ、深めるものである。討議結果を揃えることは必要とせず、絶対的な正解もない。各グループとも自信を持って発表してほしい。

1◆討議の結果発表

　各グループの討議内容と結果を紹介する。全体討議の重点を各グループの討議プロセスと結果の相互理解（視野の拡張）におくのであれば、全グループの発表を先にし、質疑と討議の時間を別にとる。各グループの討議内容をもとにさらに討議を深める（思考の深化）のであれば、グループの発表ごとに質疑と討議の時間を設け、発表→質疑・討議を繰り返す。後者は、中間発表という形でグループ討議の最中に全体討議を行なうことも効果的である。

　いずれの場合も発表の際には、結果だけでなく結果に至るまでの発想や考え方を紹介するよう心がける。

2◆他グループとの比較

　参加者は他のグループの発表を、自分のグループの討議内容と比較しながら聞き、その違いを今後に活かすようにする。自分たちのグループの結果が他のグループの結果にないとすぐに気づくが、自分たちの結果にないことが他のグループの結果に含まれていても、意外に聞き逃してしまうことが多い。また、結果が似ていると、導き出す過程で異なる発想や考え方をしていても気づかないものである。発表は、神経を研ぎ澄まして聞きたい。

講評

1◆各グループへのコメント

　各グループの発表に対する講評でもっとも重視したいのは、他のグループと比較した場合の特徴的な発想法や考え方をわかりやすく整理し、参加者が応用できるように示すことである。模範的回答との差異だけを指摘したり、「この発想は間違っている」「この点を討議するのは余計だ」といった講評

は、かえって参加者の発想を制限することになりかねないので十分注意する。
2◆全体まとめ
　研修全体を整理し、参加者が今後の応用につなげられるように理解を促すことをねらいとして行なう。そこで、「ケースのねらい（最低限共通して会得してほしかったこと）」「キーとなる問題点の解説」「対策立案の視点とポイント」「今後の実務における適用（原理・原則としての理解）」はとりわけ強調したい。
　なお、「対策立案の視点とポイント」については、あらかじめ用意していた内容以外にグループ発表でみなに役立つものがあったら追加するとよい。

職場での応用とトレーニング
　ケーススタディによって向上した能力を現場で発揮できることが何より重要である。日常の業務において常に問題を発見し、自信を持って対策を実行できる幅が広がることが、ケーススタディを用いた研修の成果なのである。
1◆自己革新目標の設定
　自分の持つ能力を高め広げていくことが自己革新である。そのためにはすでに有している能力をいつでも発揮できるように磨きをかけることと、ケーススタディで新たに得られた能力を実用レベルまで高めるトレーニングを重ねることが必要である。
　ケーススタディによる研修では、自分を客観的に分析することを通じて、すでに身につけている発想法と不足している発想法が自己認識できる。自分の発想の傾向を知り、不足している発想法や視点を計画的に身につけていくことが能力向上の早道である。漫然と経験を繰り返すだけでなく、ぜひ計画的な自己革新に結びつけていただきたい。
2◆類似ケースの発見
　一連のケーススタディを経験したら、今度は自分の職場を見回してほしい。いま起きている事象だけでなく、過去に経験したことでもよい。ケーススタディで学んだ見方を通じて問題はないか振り返ってみると、これまでと比較して、よりベターな結論に近づくことができるはずである。

3. 研修効果を高める工夫

　ここまで、研修の場面ごとのポイントを紹介してきた。以下では、研修効果をさらに高めるために、研修の企画段階で特に考慮しておくべき点を取り上げる。

ケースの選び方
　「どんなケースを用いるか」は企画者の頭を悩ませる問題である。
　参加者が臨場感を持ってケースを理解し、当事者となって討議を進めるためには、参加者の業務や職場環境に近いケースが望ましい。あまりにかけ離れたケースでは、用語の理解が不十分だったり、他人事として理解するだけに終わってしまう可能性があるばかりか、「うちの状況は特殊だから他社の事例では役立たない」という先入観にも助長され、結局、建て前論で終わることにもなりかねない。
　一方で、社内で実際に起きたケースを取り上げるのはもっともリアリティがあるが、これは実在の関係者を評価することになるため注意が必要である。特にその関係者がまだ在籍している場合は、その人物の評価・評判に強く影響を与えるため避けるべきである。また、あまりにも現実に近いと、実際の立場や人間関係が持ち込まれたり、ケース以外の現実の情報が多くなるなどで客観的な討議ができなくなるおそれもある。
　多くの場合、市販のケースを利用することになるが、ケースの内容はよく吟味し、参加者の職種、役職、年齢、立場などに合わせて選択する。また、「どんな考え方を身につけてほしいか」という研修のねらいによっても用いるケースは異なってくる。
　本書を利用する場合も、研修のねらいによってケースを選択していただきたい。いずれのケース内容も、最初に登場人物のプロフィールやねらいを簡単に紹介しているのでケース選択の参考になるであろう。
　なお、用いたいケースが参加者の状況とかけ離れている場合は、手間隙を惜しまず、表現や内容に手を加えて活用してほしい。

職場での自己革新フォロー要請

　日常の仕事のなかで自己の能力向上に挑戦し、新しい能力が身につきつつあるという手応えが感じられると楽しいものである。ほかの人からも評価されるとさらにうれしい。しかし、研修で新しい手法や発想法を学んでも、職場に帰ってからは自己努力でそれらを活用していきなさいというのでは、なかなかできるものではない。能力が向上したことを評価するシステムと、実際の仕事への適用、フォローアップの仕組みが構築されていることが必要である。

　研修と実務と評価システムをリンクさせるというと大事になってしまうが、少なくとも研修派遣責任者には、研修後の参加者の成長を積極的に評価することに加え、新たなチャレンジの場を与え、その実行のフォローを要請しておくことが大切である。

4. 自社版のケース創作のポイント

　市販のケースでは自社にフィットするものがないことも考えられる。そのような場合は、自社版のケースを創作することになる。既存のケースに手を加えてフィットさせる方法と研修のテーマにもとづいて社内でまったく新たに創作する方法が考えられるが、よいケースの条件が

◆ 時間的流れが明確であること
◆ 事実が数多く盛り込まれ、それぞれの関係性が明確であること
◆ 登場人物がきちんと定義されていること
◆ 読者に理解できる用語が用いられていること
◆ 読者を引き込むストーリー性があること

である点に違いはない。

　ストーリーは客観的な事実だけを淡々と表現するほうが全員の理解度を合わせられる可能性が高いものの、当事者の立場で問題点や解決策を考えるなら、登場人物が思ったことも含めて物語風になっているほうが当事者意識を持ちやすい。登場人物が思ったこと、考えたことも一つの事実であり、楽しみながら状況を把握できることもケースの重要な要素である。本書では文章

で描かれた読み物を前提とする。

既存のケースに手を加えて創作する

　既存のケースに手を加える場合には、まずベースとなるケースを選択する。このときは研修の目的（だれに何を会得してほしいか）を基準に、複数のケースを候補としておく。業務や組織が多少異なっていても選択肢の一つに入れておく。

　次にケースの評価を行なう。自社にフィットするしないにかかわらず、ケース自体が研修に利用できるかを判断するものである。上述の「よいケースの条件」を満たし、かつ自社の事業、業務、環境にもっとも近いケースを選択する。

　用いるケースが決まったら最後に自社にフィットするように手を加える。ただし事業規模、会社の商品・サービス、組織の構成と名称、登場人物の部門の人数、役職と担当業務、用語など、ストーリーの背景にあたる部分にとどめておくのが望ましい。取り上げる事実や登場人物の行動までを改変していくと収拾がつかなくなり、新たに創作するのと同じくらいの労力を必要とする。背景をフィットさせるだけでも臨場感は大いに高まる。

新たに創作する

　筆者が実際にケースを創作した経験からポイントをまとめると、次のようになる。

- ◆ ストーリーの最後（結果）を先に特定する
- ◆ 事実の因果関係だけで結果に至るあらすじを描く
- ◆ 舞台となる企業の属性を定義する（業種、事業内容、資本金、売上高、商品・サービスの単価、従業員数、歴史、組織構成など）
- ◆ 登場人物の関係を設定する（氏名、所属部門、役職、経験年数、性別、性格、他の登場人物との関連など）
- ◆ 問題発生のきっかけとなるキーワードを決め、事実を登場人物の行動や会話で表現する

　現実に近づけようとしてあまり複雑なことや細かなことを盛り込むと文章

が長くなり、かえってわかりにくくなってしまう。特にストーリーの核心部分では短い文章でテンポよく展開するほうが集中でき、理解しやすい。

なお、新たにケースを創作する方法は専門の書籍があるので参考にしていただきたい。

5. インストラクターの役割と留意点

ここでいうインストラクターとは、一般的な講義型研修では講師役にあたる。ただし、いわゆるテレビ講座やラジオ講座の先生のように一方的に講義を行なうだけでなく、ケースを題材とした研究を指導していく役割もあるため、本書では「インストラクター」と表現した。「講師」と読み替えていただいても問題はない。

ケーススタディによる研修の成否はケースの選択とインストラクターにかかっていると言っても過言ではないので、インストラクターの役割は重要である。

ケーススタディでは絶対的な正解はないとはいえ、参加者がよりベターな結論に帰結できるようにガイドしていかなければならない。そしてよりベターな結論は参加者の参加ニーズや経験、能力、立場、おかれている状況によって異なる。したがってインストラクターには、研修をプログラムどおりに進めるだけでなく、ケースの内容に精通し「よりベター」と判断できる価値観と、状況に応じて自在に対応できる柔軟性とが要求される。

また、インストラクターは研修の場で、全体をスムーズに進める進行役と、討議を促進するファシリテーター、そして参加者の理解を深めるための指導者の3つの役割を担うことに加え、研修の前後では効果を高めるための企画者としての役割も必要となる。これらの役割を果たすためにも、次のような点に留意してほしい。

◆ 研修参加者には、自分のために自主的に努力することが基本で、研修はその手助けであること、そのためにも個人研究をおろそかにしないことを強調する。個人研究で自分の意見がなければ、あとの時間は聞いているだけになってしまう

◆ できるだけグループの自主的な進行を促し、インストラクターは討議を深

めるフォロワーに徹する
◆ 討議のテーマをはっきりさせ、方向がずれそうになったら戻すための質問を投げかける
◆「自分なら」という意見を誘発する
◆ 模範回答に近づくための誘導はしない
◆ 問題点の討議に時間がかかり、解決策討議の時間が不足しがちなので、解決策の討議に時間が取れるように誘導する
◆ 発表準備などの作業にかかる時間も考慮に入れる
◆ 効果的な講評のために、グループ討議の結果発表の前にすべてのグループの討議経過と結果を把握しておく（詳細までは必要ない）

　ここからもわかるように、インストラクターは研修の企画から実施、研修後のアフターフォローまで気の休まる暇がない。しかし、研修が成功したときの参加者の反応や手応えは他の手法の研修では得られないものがある。そのような手応えをめざしてほしい。

　以上、ケーススタディの考え方と進め方について概要をまとめた。本書のケースを少しでも役立てていただければ幸いである。

（増山弘一）

人材育成

1. キャリアアップを意図した積極的OJT

設 問

　OJTの働きかけを上野グループリーダーがどのように行なったかを想定し、みなさん自身の職場でOJTを確実に実践する仕組みを検討してください。

● **ねらい**　OJTは人材育成を職場で進める仕組みだが、OJTのとらえ方が人によって異なる。そのためタイミングを失したり、チャンスを活かしきれなかったりするほか、業務遂行との両立ができずOJTが形骸化している状況も生じていることから、効果的で実現性の高いOJTのあり方を明らかにする。

ケース

● **主な登場人物**

上野グループリーダー：武蔵野電子工業設計部設計グループリーダー（課長相当）。グループリーダー就任3年目。

板橋主任：設計グループ主任、37歳。S製品、T製品テーマリーダー兼務。順調にいけば、来年は管理職昇格。

大　森：設計グループ担当、29歳。S製品メカトロ担当。

市川主務：設計グループ主務、34歳。S製品ネットワーク担当。ネットワークのスペシャリスト。

中　野：設計グループ担当、25歳。庶務担当。

●組織ぐるみで人材育成を

　上野浩史は東京都武蔵野市にある中堅工業用検査計測機器メーカー、武蔵野電子工業の設計部のグループリーダーである。武蔵野電子工業では一般でいう課長職をグループリーダーと称している。東京の私立大学大学院で制御工学を専攻し、武蔵野電子工業の技術力の高さに惹かれて入社した。以来、設計担当者として経験を積み、3年前にグループリーダーに昇格し、管理職としての立ち居振る舞いがやっと板についてきたところである。

　武蔵野電子工業は、工業用検査計測機器業界のなかでは中堅の老舗メーカーであり、形状認識に関する基盤技術に加え、標準機種をベースにお客さまからの要望にきめ細かく応えるカスタマイズスキルによって長年の信頼を勝ち得てきた。事業の軸となるのは、お客さまの要望を的確に拾い出す営業マンであり、その要望を製品の仕様に落とし込み新たな機能を付加する設計者であり、そしてカスタマイズ化にともなう生産上の問題を解決する製造担当者である。

　これまで、人材以外への投資として、中国の販売会社との提携や、独自の精密測定技術を持つアメリカのベンチャー企業に対する出資のほか、国内でも製販統合型ERPシステム構築、CRMシステム導入、ISO認証取得などを行ない、時代の最先端とまではいかないが、必要な仕組みは整備してきた。ただし、これらの仕組み、システムを運用するのは人であり、事業のKFS（成功要因）は人の質にあることを痛いほどわかっている社長は、中期経営計画で改めて人材育成の重要性を訴えた。

【〇〇〇〇年 中期経営計画】（抜粋）
- ◆ 中計目標である〇〇〇〇年度の全社売り上げ目標：320億円、営業利益率10％の達成に向け以下の取り組みを行なう。
- ◆ 設備投資、ITシステム投資も一巡した本中計では企業活動の原点である人材育成に再度注力し、3年後には全社員の能力スキルレベルがワンランクアップして、より生産性の高い業務推進ができている組織を実現する。

　中期経営計画提示後の補足説明では、人材育成はけっして人事部門だけのミッションでないこと、むしろ現場における指導育成、つまりOJTがカギを握るといった話があり、ライン部門における人材育成の重要性が強調された。

●OJTとは意図的に育成すること

「なるほどね。確かに現場での部下育成は重要だな。本社の人事部門では現場の

細かいところまで把握することは現実的に不可能だからね。でも、自分は特段にOJTという言葉を意識はしていなかったけれど、部下指導はこれまでもきめ細かくやっているつもりだ。ほかの部署の管理職はやっていないのかなあ。それでよく仕事が回るよなぁ」

社長からの全社方針の説明を聞いたグループリーダーの上野は、一応確認のため、グループメンバーに現在の自分の部下育成の状況について尋ねると、以下のような回答があった。

「仕事をしていて気づいた点があればすぐに指摘してもらえるのでとても助かっています」

「わからないことがあったときに、質問するといつでもすぐに答えてくれるのでありがたいです」

「これまで仕事上で厳しい場面はいくつかあったけれど、上野リーダーが適切にアドバイスをしてくれて、非常に勉強になっています」

上司に対する多少のリップサービスの側面はあるが、メンバーからの声は肯定的なものだったことから、中計方針に対し特段に気にとめることもせず、これまでどおりの行動をとっていた。

それから半期経った9月にライン長を対象とした「中計方針フォローミーティング」が開催された。各職場でのOJTの実践状況を順番に発表する場があり、上野はこれまでどおりの行動をありのままに発表した。ミーティングをリードするファシリテーターからは高評価が得られることを予想していたが、そのコメントは思いもよらぬものだった。

「まあ、上野さんの進めてきた事柄もOJTといえるでしょうが、狭い意味でのOJTにとどまっているようです。各人が担当する業務に習熟したり、日常の業務がスムーズに進むように指導することだけをOJTと受けとめているようですね。今日、OJTはもっと広義にとらえられていて、現在の業務に対する指導だけでなくて、部下一人ひとりのキャリアアップを見据えて成長テーマを抽出し、取り組んでいくことまでが含まれるととらえられています。この領域の育成は職場から離れての勉強、つまりOffJTもありえますが、その後の実践がともなわないとすぐに忘れてしまいます。これに対して日常業務の場は、さまざまなことが起こり、多様な経験ができる成長の宝庫だといえましょう。せっかくですから、この場をもっと有効に使いたいものです」

これまでのOJTの概念が大きく根底から覆された上野だった。

「なるほど、言われてみると、私はキャリアアップのための育成は現場ではなく人事がOffJTで進めるものだと思い込んでいました。思い起こせば自分もグループリーダーになってOffJTの管理職研修を受けたけれど、その場ではピンときていませんでした。実際に職場でいろいろな問題に遭遇して、そういえば、研修でそんなことを学んだなぁと、都度思い出すことが多かった気がします。自分の場合は実体験から結果的に学んだ形だけれど、これを意図的に仕掛けていくことが広義のOJTなんですね」

「経験から学ぶことも重要です。しかしながら、私たちは学びの宝庫である現場をもっと積極的に活用していきたいと思っています。つまり業務のなかで意図的にキャリアアップのためのOJTテーマを設定して、その達成をめざしていくのです」

「なるほど、職場においても戦略的に育成していこうということですね。OffJTだけでは機会が少なすぎるので、OJTを活用することには大賛成です。早速、次の期から進めていきます」

わが意を得たり、といった様子の上野だった。

● テーマの割り振りと取り組み結果

下期のスタートにあたって上野は、4名の部下のOJT課題を検討した。フォローミーティングのあとなので、各メンバー一人ひとりのキャリアを熟考し、課題を導き出した。さらにはその習得方法についてもさまざまな情報源をあたり詳細な実行計画を作成した。ただし、一人だけ悩んだのが庶務担当の中野である。「中野さんのOJTテーマはどうしよう。まあ、語学をやっておけばいつかは役立つだろう」と英語力向上をテーマとすることにした。

そして、下期に入った最初のグループミーティングの場で、上野は各メンバーに下期のOJTテーマを伝えた。

「下期からは一人ひとりにOJTテーマを設定します。上期は特にテーマを決めることはしなかったので、OJTはいまの担当業務を進めるにあたってのアドバイスになってしまいました。そのため、ほとんど指導の機会がなかった人があったり、指導内容もいまの仕事を進めるためだけのもので、みなさんの成長につなげられなかったと反省しています。そこで下期からはみなさんのキャリアアップを意識したOJTとしていきます。3年後、5年後をイメージしたうえで、この半年にスキルアップしてもらいたいOJTテーマを設定しましたので、半年後に成果を出すことをめざして、きょうから行動に入ってください。板橋さんは管理職昇進に向

けて…、大森さんは…、市川さんは…、中野さんは英語力の強化を…。以上、半年後にはそれぞれのテーマの成果を発表してもらうので、そのつもりでいてください」

　ミーティングは特に質問も意見もなく終了した。みなの顔が明るくはなかったことが少し気になったが、まあ大丈夫だろうとそのままにしておいた。

　それから半年後、年度最後のグループミーティングがOJTテーマ成果報告の場となった。上野の予想では、全員がパーフェクトな成果というわけにはいかないだろうが、半分以上の人は何らかの成果を出してくると考えていた。ところが実際は明らかな成果を出した人はゼロで、多くは着手はしたが途中で挫折し、成果につながっていない人ばかりであった。なかにはまったく行動を開始していない人もいた。想定外の結果に驚いた上野だったが、怒りたい気持ちを抑えて、できなかった、もしくはやらなかった理由を冷静に聞き出した。

「設定されたテーマは自分にとっては魅力的なものではありませんでした。もっと高度な技術をテーマとして、高性能の装置開発につなげたいと思っているのですが」

「設定していただいたテーマは適切だったと思います。取り組みをはじめてすぐに教科書を準備したのですが、そのころは日々の仕事に振り回されてしまって、OJTは後回し、後回しの連続で、そのうち気も回らなくなってしまいました。いまから考えれば、その後は比較的余裕があって、やる気になればできたように思います。自分の意志力が弱かったからだと思います。すみませんでした」

「いただいた育成テーマがむずかしすぎました。期初に指示を受けたときに、これは無理だと思ったのですが、その場では言い出すことができずに結局そのままになってしまいました。高い期待を持っていただけているのはありがたいのですが、私には荷が重すぎたようです」

「私のテーマは、自分も取り組みたいと思っていた良いテーマだと思うのですが、いま担当している仕事との関連がまったくなくて、業務内で進めることができないものでした。仕事が終わってから取り組もうと思ったものの、残業制限もあり、定時後に改めてOJTに取り組もうという気持ちがわいてきませんでした。もっと強い意志があればできたのかもしれませんが…」

●上野リーダーの振り返り
「自責で話をしている人もいるが、どうも自分自身のマネジメントに問題があっ

たようだなあ。でも、これはよいチャンスだ。起こったことをきちんと振り返れば、次の半年はよい展開になりそうだ」

素直で前向きが持ち味の上野はこれらの説明を聞いての反省と今後に向けての検討をはじめた。

〔反省１〕

自分は一方的に部下のキャリアアップテーマを決めてしまっていた。特に悪気はなかったものの、結果的に押しつけの形になってしまった。

ただでさえ日々の仕事に加えて取り組まなくてはならないテーマなのに、そのテーマがやらされ意識では進むわけがない。キャリアアップテーマは本人が見えていない場合も多いので、テーマ設定にあたっては、まずは本人に考えてもらって、そのうえで、私が検討した内容とすり合わせる場を設け、テーマそのものに対する合意形成がなくてはならない。

〔反省２〕

期の途中で進捗状況を確認しなかったのも自分の落ち度である。みんな忙しいだろうからあまり途中で手間取らせたら悪いと思って遠慮していたが、かえって悪いほうに出てしまったようだ。いくら自分に必要なことだと頭ではわかっていても、人の意志は弱いもので、瞬間的には楽な側になびいてしまいがちだ。OJTを意図的に進めると一度決めたからには、上司が部下のOJTテーマの進捗を確認することは欠かせない。そうしないとかえって本人のためにならない。もしそれができないのならば何もやらないほうがマシだ。部下のテーマの進捗管理を上司ができなければOJTは実現しない。

〔反省３〕

人材育成の重要性は頭ではわかっているが、日々の意識はどうしても業績側に寄ってしまう。現在、自チームで開発を進めているネットワーク対応型の検査機器は当社の３年後を担う戦略的商品である。今年度中に開発を終えなければ来年度の上市に間に合わない。いくら人材育成に注力しても、開発が間に合わなければ元も子もない。人材育成と開発業務はあちら立てればこちら立たず、のむずかしい問題だ。うーん、一体どちらを優先したらいいんだ…。

はじめの勢いはどこへやら、再び悩みだした上野であった。

●真のOJTの推進

上野は、何かヒントがあればと探し回ったインターネットや雑誌のなかで、ひ

とつのHRM関連の記事が目にとまった。ビジネス誌に掲載された「やりくりのすすめ」という小論文である。そこでは「ORからANDへ」といったキーワードがうたわれていた。それは物事をすべて対立的にとらえるのでなく、可能な限り両立を志向した具体的な施策を検討していこう、というものである。

　これだ！　と上野は唸った。開発業務と人材育成を別のものとしてとらえて、知らないうちに二律背反の意識になってしまっていたのだ。そこで「どちらか」ではなく、「どちらも」を追求する方針で検討をはじめた。現在の開発テーマを遅らせることはできない。となれば、この開発テーマ推進は最優先の与件としてとらえざるをえない。そのうえで、部下育成も進められる策はないだろうか。テーマ開発の現場をイメージしていると、メンバーの顔が浮かび上がってきた。テーマリーダーは板橋さん、メカトロ担当は大森さん、ソフトネットワーク担当は市川さんである。同時に各メンバーの業務遂行上の課題も見えてきた。板橋さんは、技術的な側面は社内でだれにも引けをとらないスペシャリストだが、コスト、プロフィットに関する取り組みが甘くなりがちで予算オーバー気味になってしまう。大森さんは、これまでの担当テーマでは経験のなかった制御関連の知識が不足している。市川さんは、現在は主務だが、もうそろそろ主任としてテーマリーダーを担ってもらわなければ困る。ところがどうも他部門、業者との折衝が苦手でなかなか任せられない。中野さんには、もっと自分の担当業務の効率化を期待したい。

　検討を進めていくなかで、これらの課題はまさしく各メンバーの成長課題そのものであることに気づいた。

　さらに、これらの成長課題と開発テーマをあわせて眺めていると、現在の業務遂行のなかでもこれらの課題に取り組めることが見えてきた。

　担当業務の遂行を軸として、その業務周りで学ぶテーマを設定すれば、担当者もOJTテーマをクリアしなければ業務が終わらないので、いきおい取り組まざるをえない。一方で業務に関連しているので、まったく業務と関連のないテーマを進める場合に比べOJTの負荷も比較的低く抑えられる。管理職である自分も、各人にOJTテーマをクリアしてもらわないと業務が終わらないので、おのずと進捗管理をせざるをえなくなる。本人も上司もよい意味で追い込むことによってOJTが進められる。これなら業務推進とOJTが一石二鳥で推進できそうだ。

「板橋さんには、明確なコスト目標を与えて管理するように仕向け、大森さんには装置の1ユニットの制御部分の設計を担当してもらおう。また市川さんには今期からはじまる既存品のモデルチェンジのリーダーとなってもらい、関連部門と

の調整を任せよう。中野さんには問題解決の手法を身につけてもらって、業務改善を進めてもらおう。業務改善が進めば本人も楽になるだろう」
　次年度のOJTテーマ設定ミーティングにて、
「これまではOJTといいながら、みなの思いや担当業務とかけ離れたテーマを一方的に設定してしまっていた。テーマそのものは悪くないと思っているけれど、これでは現実的にテーマ推進の時間を確保することがほとんどできなかった。また、任せっぱなしになってしまい、期中に適切なアドバイスをすることができなかった。今期からは考え方を大きく変えて推進しようと思う」
　メンバーはみな熱心に上野の話に耳を傾けていた。

解　題

　OJTは多くの企業の日常で使われているポピュラーな言葉ではあるが、そのとらえ方は千差万別であり、イメージしているものは人によって大きく異なることがよくある。たとえば、「OJTとは何か」との問いに対しては、以下のような答えが返ってくる。
◆ 経験を積むこと
◆ 日々の業務遂行のなかで気づいたことを指導すること
◆ 新しく配属になった人に対し職場の仕事を一通り教えること
◆ 新入社員に対する指導
　いずれも確かにOJTである。これらのOJTは次のようにまとめられる。
〔日々のOJT〕
　　◆ 業務前の指導
　　◆ 業務遂行上でのスポット指摘・指導
〔戦力化OJT〕
　　◆ 新入社員に対する、社会人生活に馴染んでもらうための訓練
　　◆ 新規配属者に対する、担当業務を習得してもらうために行なう教育、訓練
　ただし、OJTという場の備えるポテンシャルからすると、上記の2種類のOJTだけではその一部分しか活かされていないといわざるをえない。

キャリアアップを意図したOJT
　最近はOJTを目標管理制度に近い形で制度化している企業が増えている。なりゆきや思いつきで指導するのでなく、意図的に育成目標を設定して進めようとする積極的なOJTである。ところが運用がともなっていないケースも多い。
　このOJT制度の一般的なプロセスは、①各人のワンランクキャリアアップした姿を描き出し、②キャリアアップのための成長課題（目標）を抽出したうえで、③課題（目標）実行計画を立案する、というものである。

その立案内容をみると、的確な成長課題が抽出され、それぞれの課題に対する子細な実行計画がつづられている。計画をみる限りでは頼もしいが、その後の進捗はけっして芳しくないケースも多い。その原因を探っていくと現場の担当層からは次のような困惑の声が聞こえてくる。

◆ 業務優先でOJTが行なえない
◆ On the Jobといいつつ、業務とかけ離れたテーマが設定され両立できない
◆ 自分の意図とは別にOJTテーマが設定され、やらされ感のなかで進めたため満足のいく成果が得られていない

またライン長主導のOJTとされているものの、そのライン長に対する不平も指摘されている。

◆ 指示するだけ、言いっぱなしで結果を確認することもない
◆ 「うちの育成はOJTです」などと言って育成放任の逃げ口上となっている
◆ OJTは本人が一人で黙々と進めるものと誤解し、ライン長は関与しない

せっかく気勢を高めスタートしたにもかかわらず、結局は日々の業務の忙しさにまみれ、優先度の低い成長課題に対する取り組みはおざなりになってしまう。また、OJTを管理する立場にある上司も片手間意識の指導にとどまり、結局は活動が雲散霧消してしまうのである。

いくら立派な計画書を作成しても実施されなければ意味がない。なんとかOJTの特性を最大限に活用した実行できるOJTを推進したい。

プロジェクティブOJTのすすめ

このような問題認識に応え、業務遂行との両立を強く意識したOJTの仕組みを紹介する。「プロジェクティブOJT」と称するもので、「本人が現在担当している業務の周辺で、本人の将来のキャリアアップを見越して、能力のワンランクアップを意図した成長目標を設定し、業務遂行と一石二鳥で進めるOJT」と表わされる。このOJTは「日々のOJT」「戦力化OJT」に次ぐ第3のカテゴリーに位置づけられる。その特徴は以下のとおりである。

1◆業務遂行を第一義とし、業務遂行と同時並行でOJTを進める

プロジェクティブOJTの特徴は、担当業務の遂行にも貢献するOJTテーマを設定することにある。

現場のマネジャーの最大の関心事は、どうしても所轄組織の業務成果達成になりがちである。であれば、OJTも業績達成とリンクさせれば、OJTに対するマネジャーの関心も自ずから強まってくる。

　また、プロジェクティブOJTは目の前の業務遂行のために必要な知識・スキルの獲得や高度化をOJTテーマとしている。こうすると、本人にとってもこのテーマをクリアしなければ業務が終わらないのでいきおいテーマに取り組むようになる（取り組まざるをえない状況ができ上がる）。また、上司にとっても本人のOJTテーマ達成＝業務成果達成となるので、やはり進捗状況を管理したり、指導すること、つまりOJTをマネジメントせざるをえなくなる。

　このようなテーマを設定することで、本人も上司も業務遂行のなかでテーマを意識して推進する状態が実現するのである。

2◆OJTを組織マネジメントの俎上に載せる

　OJTをやり遂げるためには、OJTをマネジメントする、つまりOJTについてPDCAのサイクルを回すことが必須となる。上記1で掲げたようなテーマ設定がなされればマネジャーの関心も自ずから高くなっていくが、さらに最終的な成果に導くための仕掛けやツールがあるとさらによい。そのツールの一つにテーマ設定時のアサインメントマトリクスがある。

　アサインメントマトリクスとは、メンバー全員の成長課題と、職場の業務と業績達成課題を一覧にしたものである（図表1-1参照）。マトリクスの縦軸には全メンバーを掲げ、メンバーのパーソナリティとワンランクアップのための成長課題を記していく。一人ひとりの成長課題がたったひとつということは、まずありえないので複数の課題があがるはずである。横軸には職場内の業務や職場で取り組む課題を列挙する。このマトリクスを眺めながら、一人ひとりに対し、「○○さんには、△△業務を通じて□□知識（スキル）を習得する」といった具合にOJTテーマを設定していくのである。こうすることで、OJTテーマアサインメントが局所的な検討にならずに、全体最適の視点で行なえるようになる。

　OJTテーマ設定の際にはメンバーの抱える成長課題すべてをテーマ化するのでなく、あくまで業務遂行を主軸で考え、その業務遂行に関連して習得できる成長課題だけをOJTテーマとしていく。ほかの成長課題は次のチャンス

図表1-1◆アサインメントマトリクス

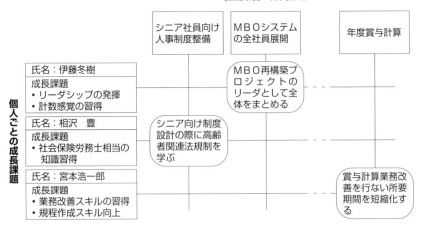

が巡ってくるまでペンディングとなる。

　この一連の検討をあらかじめマネジャーが行ないメンバーのOJTテーマ設定時の指導材料としていくのである。

3◆OJTテーマをオープン化し、アドバイスしあいながら推進する

　プロジェクティブOJTは、新人・若手層だけでなく、ベテラン層、さらには管理職層にも適用可能であり、組織ぐるみで進めるべきものである。組織ぐるみでの推進であれば、さらに一歩進んで各人のOJTテーマをオープン化し、相互に刺激、アドバイスしあいながら推進することも考えていきたい。こうすることで職場全体の人材育成機運が高まってくる。また、指導役がマネジャーだけに限定されることもなくなるので指導の密度も高まり、効果的なOJTが実現する。

　以下に示すオープン化したプロジェクティブOJTの例を参考に、自社に最適の仕組みを構築していく。

〔期初〕各人が各人のテーマを知る

　テーマ設定時に全員参加のミーティングを開催する。そこで各メンバーのOJTテーマを全員で共有する。その際、たとえばアサインメントマトリクスをその場で作成することは、テーマに対する各人のコンセンサス形成といっ

た意味合いで有効な取り組みである。

〔期中〕互いにアドバイスや情報提供をしあう

　業務を進めているなかでほかのメンバーのOJTテーマに関連した情報に接したときはそれを伝える、業務上の接点のなかでOJTテーマに関連したアドバイスを行なう、といった行動を、メンバー間で相互に実践する。

〔期末〕成果を分かちあう

　期末には、OJT成果の発表会を開催する。各人のOJT成果を業務マニュアルや技術資料といった形で可視化し、発表することで、OJTの成果を自他ともに確認でき、また組織の知恵とすることができる。

プロジェクティブOJTの限界と対処法

　さまざまなメリットのあるプロジェクティブOJTだが、以下に示すような限界ともいえる点をあわせ持っている。

- ◆ 直面している業務に関連した範囲での実践可能なテーマが都度設定される、つまり状況対応的な取り組みなことから、体系的育成はむずかしい
- ◆ 業務遂行と並行して推進するので、多くのOJTテーマや負荷が大きすぎるテーマの設定はむずかしい
- ◆ 本人のキャリアアップに欠かせない成長テーマであっても、その業務を担当している限り、あるいは、その部署にいる限りはどうしても設定できない課題もある

　これらに対する対策としては、①育成を目的として職場内での担当職務を変えたり、役割を拡大したりする、②メンバー全員が身につけておくべきテーマであれば別途、研修などでOffJTの場を設ける、などの策が考えられる。

　また、それでも場面設定がむずかしい場合は、異動により他部門へ送り出すことで新たな成長を促す、といった対処法となる。

　このように限界もあるプロジェクティブOJTだが、日々の成長は小さくとも、それを積み重ねていくことが大きな違いにつながり、他社が急に取り組もうと思ってもなかなか逆転できない差別化要因となりうる可能性を秘めている。読者諸氏の職場においてもこのようなOJTの取り組みを検討されたい。

（伊藤冬樹）

営業活動

2. がんばろう型営業からの転換

設問

営業目標達成のために奥課長が実施した施策を評価してください。

- **ねらい** 部品の検査機器を製造し大手メーカーに納めている「大江戸工業」は品質の高さが評価され、順調にシェアを伸ばしてきたものの、競合の「アロハ工業」が低価格の検査機器を導入してからは苦戦が続いている。今年度は売上目標として前年度＋1億円の20億円を掲げているものの、残り1ヵ月となった2月現在の売り上げは17億円にとどまっている。営業課長はどのように対処すべきかを考えたい。

ケース

- **主な登場人物**

奥　課長：営業3課長、43歳。大学卒業後、大手システム会社に入社し、営業を担当。15年前に大江戸工業に転職。大江戸工業でも営業畑を歩み昨年、課長に就任。

長谷川：大学卒業後、大江戸工業に入社し、営業3課に配属される。現在2年目、24歳。わからないことは、うやむやにせず、迷わず聞く性格。

小　林：営業3課課長補佐、35歳。営業3課の売上実績のとりまとめと、長谷川の教育係を任されている。

杉　江：3年連続で営業3課の売り上げトップを記録している営業3課のエース、32歳。顧客からの評価も高く社内からも信頼されている。

● 「何がなんでも売ってこい」
「なんとしてでも、とってこい！」
　課長の奥の怒号で緊張が走る。売上目標20億円に対して２月末現在、17億円なことから、残り１ヵ月で３億円、主力製品Rシリーズなら300台分を売り上げなければならない。期初に立てた計画では、２月時点で18億円の売り上げがあるはずだったが毎月、少しずつショートしていた。奥はさらに声を張り上げる。
「このままで許されると思うなよ！　必ず３億分を納めてこい！」
　会議に参加しているのは、奥が課長を務める営業３課のメンバー６名。全員が配布された売上報告書を厳しい表情でにらみつけている。重たい沈黙のあと、再び奥が話しはじめる。
「いいか、あきらめなければ大丈夫」と少し声のトーンを和らげ、「やるだけやるんだ。俺たちなら絶対に勝てる。なぁ、そうだろ？」。情に訴えるような声で語りかけ、空気が少し軽くなった。
　メンバーのなかで一番若い長谷川が口を開いた。
「これまで11ヵ月間の売り上げが17億円でした。ひと月当たり1.5億円です。残り１ヵ月であと３億円。これまでの倍です。本当に大丈夫なんでしょうか」
　長谷川の教育係である小林は、なんてことを言うのかと注意しようとしたが、奥がそれを遮った。
「ふざけるな！　１年で一番売れる３月だ。弱気なことを言うやつは、この場から去れ。何がなんでも目標を達成する。おまえにその気持ちがあるのか」
　長谷川は、ひるまなかった。「達成に必要なのは、気持ちとかじゃなくて、具体的にどういう動きをするのかというのがないと…」。
「もうやめなさい」。今度は小林の注意のほうが早かった。そして「みなさん、すみません。まだ私の指導が足りません。あとで叱っておきますので、早速外に出かけましょう。外に出て受注するのが大切です」と続けた。

● 「足を使って件数を稼ぐ」営業の限界
　奥はもう少し話を続けたかったが、会議を終わらせるとメンバーは席を立ちはじめた。「余計なことを言うんじゃない」とだけ長谷川に伝えて奥が去った会議室には、小林と長谷川だけが残っていた。
小林「少しはわかるけど、あんなこと言うもんじゃない、悪化するだけだ」

長谷川「本当に達成したいなら、検討すべきです。とにかくがんばれ、で目標達成するんですか。去年だって結局、目標にいかなかったじゃないですか」
小林「そうじゃない。あれこれ考えるより、動けばなんとかなる。1件でも多く回ったほうがいいだろう」
長谷川「そうとは思えません。考えずに動くの、もうやめませんか。効率が悪すぎます」
　小林は、何度も大きく息をついた。
小林「それは実態をわかっていないやつの言葉だ。現場をよく見ろ。俺たちだって何度もやってみた。どこに行くべきなのか、どの製品を売るのか。伸びそうなところをリストアップした。ちゃんと戦略を考えたんだよ。でも結局、うまくいかないんだよ。足を使って件数を稼ぐ。それが結論だ」
　長谷川は、まだ納得できない。
長谷川「やり方が悪かったという可能性はないんですか？」
小林「おまえな、失礼すぎるだろ。少しでも受注率がよくなるように、Rシリーズの特別値引きを用意してもらっただろ。十分勝てる条件だ」
長谷川「値段で決めるところは、そうですよね。でも値段で勝負するのが正解ですか？」
小林「俺たちが扱っている検査機器は、衰退期にあるんだよ。国内市場のニーズはもうこれ以上伸びない。技術の進歩も起こりにくい。重要なのは価格だけだ」
長谷川「本当にそうでしょうか。僕にはどうしても、そうとは思えません」
小林「おまえと話はしたくない。勝手にしろ」
　そう言って小林も部屋を出て行き、長谷川だけが部屋に残された。

●**得意先の意向は調べたものの…**
　長谷川は売上報告書ではなく、得意先の反応が書かれた自分のメモを見返した。
◆ 新しい検査機器は、まだいらない。いまのやつで十分だから。あと3年は使うだろうな（A社）
◆ うちはアロハ工業の検査機器を使っている。製造ラインもアロハ工業の製品で作っているから相性がいい。大江戸工業の検査機器は、入り込む余地がないな（B社）
◆ うちは値段だね。だってどこでも大差ないもの。安くなったら連絡してよ。考えるから。でも、アロハ工業のほうが安いよね（C社）
◆ おたくの検査機器は、セッティングに時間がかかるのがネックだよね（D社）

- Rシリーズより小型のやつはないの？ 新製品のXシリーズ？ 他社での実績を持ってきたら考えるよ（E社）
- アロハ工業は安いけどね、扱いづらいんだよな。クセがあるというか。その点、大江戸工業さんのは、品質いいと思うよ。でもいまはいらないからね（F社）
  :

長谷川はメモを見ながら考えた。

- 少なくとも、D社の言い分はおかしい。セッティングに時間がかかるって、そういう話は、先輩の話も含めて、聞いたことがない。そのときも否定しようとしたけど、うまく説明できなかった…
- E社には、Xシリーズを入れられるチャンスだったけど、何がいけなかったのだろう。実績がないと入れられないのか？ でも実績がなくても入れる会社もあるしな、相手が悪かったか…
- F社みたいに、品質がいいという会社もあるんだな。でも品質が良いって、具体的にどこだろう。聞けばよかった…
- 残り1ヵ月しかない。可能性があるのは、やっぱり値段と言っていたC社かな…
「まずはC社に行ってみるか」。そう声に出して、席を立った。

● **年度末の大幅値引きが常態化**

　1週間後、奥はメンバー全員を呼び寄せた。
「これまでの成果を報告しろ。どうなっている？」
　それぞれが報告するが、大きな成果は出ていない。そのなかで入社8年目の杉江が、ひとり気を吐いた。
「Z社で大型受注の可能性があります。Rシリーズ100台の購入を検討中です。今期中の納品も可能です」
「よくやった！」。奥に笑顔が生まれ、メンバーは、おーと歓声を上げた。
「Rシリーズの特別値引きがききました」。杉江は、涼しい顔で語った。
「よし、絶対に落とすなよ。俺も連れて行け」。奥は満足げに話した。
　その後、杉江は無事100台の大型受注を勝ち取り、業績に大きく貢献した。一方で、そのほかのメンバーも特別値引きを武器に多くの得意先にアタックしたが、思ったほどの成果は得られなかった。
　大江戸工業営業3課の年間売上は、18億7000万円で確定し、20億の目標は未達となった。年度が替わり、奥は「昨年度は、とにかくがんばったけど、目標未達

に終わった。終わったことは仕方ない。新しい年度の目標は21億円と決まった。また一丸となってがんばろう。今年こそ、なんとしてでも達成するんだ」と期初の会議でメンバーに伝えた。
　長谷川は、奥の言葉に違和感を覚えつつも、反発するのをやめていた。その代わり、年度始めの飲み会で杉江にこっそり聞いてみた。
長谷川「杉江さん、この前のZ社の100台受注、あれってどうやったんですか？」
杉江「あれ？　10月くらいにZ社から打診があってね。ずっと調整してた」
　杉江は、おいしそうにビールを流し込む。長谷川は思わず大きな声になった。
長谷川「黙ってたんですか？」
杉江「おい、人聞きが悪いし、声もでかい」
長谷川「すみません」
杉江「なんて言おうか、うーん、最善の手を打ったんだ。課の成績がイマイチだっただろ？　だから年度末に大きな値引きを出すだろうなって思っていて。去年もやったしな、特別値引き。今年の特別値引きは、Z社に最終的に決断を促すのに、ちょうどよかったんじゃないかな」
　杉江は自慢する様子もなく淡々と説明した。長谷川は今度は声を抑えて聞いた。
長谷川「もし、特別値引きがなかったら、どうしてたんですか？」
杉江「うーん、考えてはいたけど…、おまえには教えないよ。でも今年度は、さらに厳しくなるだろうなぁ」
長谷川「どうしてですか？」
杉江「年度末に大幅値引きするって、ほとんどの会社に知れ渡ってしまった」
　ビールを飲み込んでから続けた。

解題

2つの施策の評価

奥課長が実施したことは、①部下を鼓舞するよう声をかけた、②年度末に主力製品Rシリーズの特別値引きを導入した、の大きく2つである。

①については、ほとんど評価できない。奥の指示を改めて抜粋すると、次のとおりである。

◆ なんとしてでも、とってこい！
◆ このままで許されると思うなよ！ 必ず3億分を納めてこい！
◆ いいか、あきらめなければ大丈夫
◆ やるだけやるんだ。俺たちなら絶対に勝てる。なぁ、そうだろ？
◆ これまでの成果を報告しろ。どうなっている？

いずれも具体的な指示は何もなく、「がんばれ」という趣旨を言葉を換えて繰り返し伝えているにすぎない。

「がんばる」のはきわめて当たり前のことであり、競合の営業担当者もがんばっている。目標達成のためには厳しい競争環境を勝ち抜くことが必要不可欠だが、競合もがんばるので優位に立てない。

マネジャーの使命を「目標達成の手段を検討し、実行させること」とするならば、奥は競争に勝つためのアクションを起こさせていないため、その施策（鼓舞するように声をかける）はほとんど評価できない。マネジャーの仕事を、厳しい言葉を部下に投げかけ、部下の数字を上司に報告することだと認識しているのであれば、いますぐ課長の職を辞するべきだ。

②の特別値引きについては、Z社から100台の大型受注を果たしており、成果が出ているように見える。小林が長谷川に「重要なのは価格だけ」と伝えているように、衰退期にある製品は価格が重要な意味を持つのは、一般的に事実といえる。

しかし長谷川のメモには「でも、アロハ工業のほうが安いよね」との記述もあり、アロハ工業の価格に勝つのは一筋縄ではいかない。結果を見ても、Z社以外では思ったほどの成果は得られていない。

本ケースには表現されていないが、製造ラインで使用される機器は、計画的に購買される場合が多く、「今月は特別値引き」という情報があっても、すでに予定している購買計画を大きく変更することはむずかしい。実際、Z社は6ヵ月前の10月から大江戸工業に打診している。したがって「特別値引きがあります」と言われ、仮にその価格に魅力を感じたとしても、購買計画を変更するための十分な期間がいるのだ。

　Z社から大型受注をした杉江が「年度末に大幅値引きするって、ほとんどの会社に知れ渡ってしまった」と心配をしているのは、この点である。次も年度末に大幅値引きをする可能性が高いと予測した得意先がいるならば、できるだけ3月に購入できるよう、あらかじめ調達計画を変更することも十分ありえる。そうなると、大江戸工業は売上単価が落ちる分、売り上げも下がる。

　つまり、18億7000万円と低迷した最終売上の次年度の目標を強気に21億円と設定しているが、その達成もむずかしくなるのである。

営業部門がすべきこと

　本ケースでは、課長の奥がしなかったこと（不作為）にも注目する必要がある。

1◆得意先の声（期待・要望・評価など）を聞いていない

　得意先の声に耳を傾けることは、売上目標を達成するにあたっては、きわめて重要な要素だが、奥は何も実施していない。小林も「現場をよく見ろ」と言いつつも、「足を使って件数を稼ぐ。それが結論だ」と決めつけ、現場の実情に目を向けることを放棄している。長谷川は得意先の声を記録し、それをもとにどう動くべきか考えてみたものの、考察力が弱いことから、目標を達成するためのアクションは起こせなかった。

　本来ならば、課長が得意先の声を積極的に収集し（課員に集めさせ）、考察したうえでアクションを検討・指示すべきであったが、それをしていないことが、大きな問題である。

2◆目標を達成するための具体的なアクションを検討・指示していない

　目標を達成するための具体的なアクションとしては、

◆ どの得意先に
◆ どの製品を
◆ どの人に
売り込むのかを決めるだけでは不十分である。少なくとも
◆ 何を価値として伝えるのか
◆ その価値は、どのように表現すべきか
◆ 相手をどういう気分にさせられるのか
といった要素を把握しておくことも必要になる。

　奥はそのほとんどを放棄している。重点的に訪問する得意先を検討することもなく、闇雲に訪問件数を増やせば売り上げが上がると盲信している。これが、そもそもの間違いである。

　訪問件数で勝負をするとは、「たまたま訪問したら、ちょうどニーズがあった」ことを期待するのと同じである。売り手より、買い手の力が何倍も強いマーケットにおいては、よほどの訪問件数がない限り、成果を得るのはむずかしい。ましてや企業同士の取引で成果を出すのは、宝くじの当選を期待するのに等しい。

　特別値引きで攻勢をかける際も、値引きの事実だけを主張しても効果は薄く、
◆ どのように表現すれば相手が興味を持つのか
◆ どんな言葉ならば、購買に至るのか
まで踏み込む必要がある。すなわち、新しく検査機器を購入した得意先に、「新しい検査機器に入れ替えたことによりどれだけのメリットを享受できるのか」「今回の投資がどれだけ効果的なのか」を具体的に提示し、納得感を引き出す必要がある。そして一言一句検討し、言葉を研ぎ澄ませることが重要だったのに、それを個人任せにし、課長自らは検討すらしなかったのである。
「いまなら特別値引きでお買い得です」と言うだけで受注できる得意先は限られている。営業が成功するための基本は、「セールスならば言葉にこだわれ」であり、とても重要な原則といえる。

3◆部下の商談状況を把握していない

　課長はZ社との受注が決まりそうになってから、「よし、絶対に落とすなよ。

俺も連れて行け」と述べているが、これもマネジャーとしての仕事を放棄している。悪く言えば、「おいしいところだけ顔を出した」にすぎず、今回の受注にあたって、奥の訪問は必要なかった可能性が高い。

　そうなったのも、目標を達成するための具体的なアクションを検討・指示していないことが最大の原因である。しかも、２年目の長谷川が、「達成に必要なのは、気持ちとかじゃなくて、具体的にどういう動きをするのかというのがないと」と言っているのを取り合わなかった。

　長谷川の言い方に、生意気でマナーを心得ていないという落ち度はあるものの、だからといってマネジャーが部下の商談状況を把握していない、必要な助言をしなくてよい理由にはならない。

　　　　　　　　　　　　　　　　　　　　　　　　　　　　（掛足耕太郎）

3. CS活動推進とリーダーの役割

CS向上活動

設　問

　関西サービスセンターにおけるCS（お客さま満足）活動の立ち上げ段階で浅田センター長に不足していたことはなんでしょうか。メンバーをCS活動に本気で取り組ませるためにすべきこととあわせて考えてください。

● **ねらい**　全社的な取り組みを第一線メンバーに十分理解させ、自らの意志で取り組んでもらうには、リーダー自らが主体的に取り組む意志を示すと同時に、メンバーの特性や個性に応じたコミュニケーションが必要になる。

ケース

● **主な登場人物**

浅田センター長：マルフジ機械サービス関西サービスセンター長。昨年、センター次長からセンター長に昇格、41歳。センター長のなかでは若手。

久保田課長：関西サービスセンターサービス2課長、37歳。全社CS活動関西サービスセンター推進担当を担っている。

荒　　川：関西サービスセンターサービス2課。入社5年目の27歳。カスタマーエンジニア（CE）。お客さまからの評価も高く社内若手の人望も厚い。

原田業務部長：本社業務部長、全社CS活動推進事務局長。3年前に他業種企業から転職し現職。前職時代にCS活動推進の経験もあり、今回の活動においては社長の信頼が厚く、意見を求められることも多い。

●計画の甘さと取り組みの停滞
　マルフジ機械サービスは、大手機械メーカーのサービス部門から独立した機械メンテナンスサービスの子会社である。技術力には定評があるが、今後、親会社以外の機械メンテナンスの売上比率を大幅に伸ばしていくためには、同業他社に負けないお客さま対応力をつける必要がある。社長の藤岡は「お客さま満足の業界NO.1」を目標に掲げ、先頭に立ってCS経営に取り組むとともに、全役員、部長、各拠点長にはCS研修を受講させ、加えて専門コンサルタントにも定期的な指導を依頼するなど、全社的な活動が進められている。
　先日、各部門、各拠点のCS活動のCS推進委員会における「年度計画報告会」があり、関西サービスセンターは計画の具体性のない部分が指摘され、センター長の浅田は、藤岡社長からも叱責を受けた。そこで浅田は、CS活動推進担当とともに現状の把握、取り組みテーマや年度計画の見直し、活動の巻き返しおよび推進に着手した。

●メンバーはCS活動をどの程度理解しているのか
　浅田は、テレビ会議によるCS推進委員会終了後、CS活動推進担当の久保田と会議室に残り、関西サービスセンターの取り組みの問題点について、藤岡社長の発言を振り返りながら、久保田に語りはじめた。
「社長からも手厳しい指摘を受けてしまった。うちのセンターの活動テーマ、計画は他センターに比べて詰めが甘い。具体的な活動のスタートが遅れてもよいから、センターとして一丸となって取り組めるテーマを設定し、その推進体制をつくり上げるべきだとまで言われてしまった」
　久保田も「関西サービスセンターは、お客さま満足度調査結果や、センター内の問題点を本当に共有化したのか、形だけ整えた取り組みを行なっても意味がないとまで言われてしまいましたね」と元気なく言葉を返した。
浅田「われわれの取り組みテーマや計画は、事務局が指示した手順どおりにフォーマットを埋めて、納期までに提出できたので問題はないと思っていた。久保田君には、1課、2課をまとめたセンター全体の活動推進をお願いしているけれど、お客さま満足度調査結果を報告し、取り組みの進め方を説明した2ヵ月前の全体会議から各課では、何回くらいミーティングを開いたのかな？」
久保田「1課・2課合同ミーティングは、きょうの会議資料を作成するために、先々

週に初会合を実施しました。なかなかメンバーが揃わなくて。私と1課長の野島との日程がそもそも合わないのですから。私は、センターの推進担当ですので、合同ミーティングの後、きょうの会議に向けた提出資料を作成しました」

久保田は、忙しいなか、自分は役割を精一杯果たしていると言わんばかりに答えた。それを受けて浅田が問いかけた。

浅田「各メンバーは今回のお客さま満足度調査結果について、どう思ったのかな。自分のお客さまの評価は当然、気になったと思うが、会社としての評価、センターの評価、各項目の評価を納得しているのか？ 全体会議の場ではあまり質問も出なかったけれど、どうなのだろう？ きみは各メンバーの意見は聞いてる？」

久保田「お客さま満足度調査結果はわかるけれど、お客さまに対しては、いまでさえ精一杯対応しているのに、さらに何をするのか？ 業務時間以外にCS活動の時間を使うのはむずかしいというのが大方のメンバーの意見ではないでしょうか」

浅田は、さらに自分にも問いただすように続けた。

浅田「会社が進めようとしているCS経営のねらいについては、みんなは理解しているのだろうか？ きょうの会議で、西東京サービスセンターの坪内センター長の話があったよね」

久保田「お客さまからお褒めの言葉、感謝の言葉をもらおうというテーマですか？ 社長は妙に褒めていましたよね。だれもがわかる、プラス発想のテーマから全員で取り組むことも必要だともコメントしていました。確かに、坪内センター長が紹介した事例を聞くと、お客さまの工場のダウンタイムを最小にとどめるため、お客さまと一緒に夜、遅くまで復旧に努めたなどは称賛事例だし、そのようなことがあれば、絶対的なうちのファンになってくれるとは思いますがね」

先ほどのテレビ会議で写っていた坪内センター長の実直な語り口を思い出しながら答えた。

浅田は「いずれにしても、社長のおっしゃるように、いま一度、うちのセンターのメンバーのこの活動の理解レベルを確認し、われわれが本気で取り組めるテーマを設定するために、活動の見直しを行なうことにしようか。私もメンバーに直接聞いてみるので、久保田君も大変だけれど、メンバーの巻き込みをお願いします」と指示した。

久保田は、「センター長が直接メンバーに話をしてくれるのは、大変助かります。私自身、メンバーにこの活動について、十分伝えられていない部分がありますので」

と、やや安堵の表情を浮かべながら言った。

● 問題点共有や原因分析を実施した部門との差
　CS推進委員会の翌日、浅田はサービス２課のカスタマーエンジニア（CE）の荒川に、彼の得意先である新日本電工姫路工場への同行を求められていた。親会社マルフジ機械製品の増設が決まり、マルフジ機械営業担当と一緒に工場長にあいさつに伺う予定である。

　浅田は社用車の助手席に乗り、先方の工場に向かった。途中、ハンドルを握っている荒川の横顔を眺めながら、昨日の久保田との話について荒川の意見を聞いてみたくなった。

「荒川君、実は昨日、全社のCS推進委員会があって、社長からうちのセンターの取り組みが遅れているという指摘を受けたんだ。私自身、今回のCSの取り組みについて、みんなにまだ十分伝えきれていないとは思っているが、現場の人たちはどう思っているのだろうか？」

　荒川は運転しつつ、言葉を選びながら話しはじめた。

「正直なところ、今回のCS活動の目的、進め方について、現場のメンバーにはまだ十分理解されていないと思います。いままで、業務改善活動、マナーアップ運動など全社的な取り組みはありましたが、長く続かなかった印象があります。今回も会社がまた何かはじめたという思いがあるのではないでしょうか。私は、CSの取り組みの重要性はよく理解できますし、お客さまとの日々の業務そのものがCS活動だと思っています。ただ先般、説明を受けたお客さま満足度調査結果のフォローひとつとっても大変なパワーがいると感じています。現在の仕事量のなかで、そこまで徹底してやれるか正直、私にはわかりません。同期の西東京サービスセンターの柳川が、たまたま先週、大阪に出張できていたので、久々に飲みに行き、話がCS活動のことになったのですが、柳川は意外に迷ってませんでした。はっきりと、CS活動はわれわれの会社にとって必要な取り組みであるし、自分たちの業務そのものでもあると言い切っていました。西東京サービスセンターでは、お客さま満足度調査結果にもとづき、課ごとにかなりの時間をかけて問題点の共有、原因の分析を行なったと言っていました」

　浅田は、荒川の話を聞きながら、反省の思いに駆られていた。西東京サービスセンターはセンター別のお客さま満足度でトップの成績である。そのセンターでさえ、十分な時間をかけて検討を行なっているのに、自分のセンターでは推進担

当の久保田任せで、自らが先頭に立ってメンバー一人ひとりが納得のいくような説明をしてこなかった。そのようなことを考えながら、助手席から見える田園風景をぼんやり眺めていた。

●CE各人が主体的に取り組めるよう、活動目的の理解を促す
　CS活動推進事務局長を兼ねる業務部長の原田は、前回の全社CS推進委員会の議事録を見ながら、今後の活動展開について考えていた。前回の委員会の席での関西サービスセンターの報告内容、浅田の対応が気になっていたのだ。原田にはCS活動推進事務局の経験が前職の会社であり、この取り組みの、企業における重要性、実施・定着化のポイントを自分なりに理解していることもあり、関西サービスセンターの現状や問題点が推測できた。まずは、センター長である浅田自身のなかで、会社にとってこの活動のめざす姿、現状の問題点、取り組むべきことが腑に落ちていなければならない。CS推進担当の久保田もリーダーシップのとれるタイプであり、浅田の対応次第で、関西サービスセンターの取り組みは劇的に変わると思われた。
　月1回の事業会議のあと、原田は、大阪に戻る浅田を引き止め、話す機会を持った。
「浅田さん、その後、関西サービスセンターの取り組みは進んでいますか？」
「いやあ、きょう原田部長から誘っていただきましたが、私から、お尋ねしたいと思っていたのですよ」
　ビールのグラスを持ちながら、浅田は言った。内心、よい機会ができたと思っていた。大阪には、終電に間に合うよう新幹線に乗ればよい。原田にCS活動に関することをいろいろ聞きたいと思っていた。
　原田は、前職時代の事例も含め、CSの取り組みに関して豊富な知識・経験を有しており、浅田の質問に丁寧に答えていった。
　浅田は、原田の説明を聞きながら、「うちのセンターの久保田も荒川もそのほかのメンバーもみな、自分と同じ疑問を持っているのだろう、そして一つひとつ疑問を解消しているいまの自分のようになれば、CS活動の目的が真に理解でき、主体的に取り組めるようになるのではないか」と思った。
　原田は言った。「この取り組みは、きっと、わが社にとって強力な武器となると思います。いまもすでに、業界内では技術力の高さには定評があります。しかし、この取り組みによって、第一線にいる一人ひとりのCEのお客さま対応レベルが上

がれば、競争力はますます高まるはずです。しかし、われわれの事業は、一人ひとりがお客さまのところへ行き、仕事をして、評価を受ける特性があります。お客さまと接する個々の社員が、本当にこの取り組みを理解し、行動できるようにならなければ、成果が出ることはないのです。上からの指示・命令だけでは、サービスの品質を高めることはできないと思います」「われわれ推進事務局は、各センターのCS活動をバックアップし、できる支援を行ないます。ですから、これからも困っていること、悩みごとなどは、なんでも言ってください」。

　浅田は、いつしか柔らかな表情になり、ビールを飲み干していた。

解　題

浅田センター長に不足していたこと

　センター長の浅田には以下の3点が不足していた。CS推進委員会後に部下の久保田や荒川、本社の原田と話すうちに、浅田自らそれに気づいていった。

1◆活動に対する、自身の理解

　浅田は、全社CS活動の目的、進め方を自身が十分理解していなかったと思われる。社長自らがCS経営をめざし、CSを事業競争力にしようとしていることへの理解が不足していた。かつて行なわれていた全社的な取り組みである業務改善活動、マナーアップ運動などのトップダウンの、あるいは本社事務局主導の活動と同様に考え、本社事務局の指示に従って動き、提出すべきものは納期に間に合わせれば問題がないと考えていたのではないだろうか。

　従来の全社的な取り組みが継続せず、必ずしも成果に結びつかなかったばかりか、いたずらに現場の負荷が増したという「負の体験」が浅田の理解を阻んでいた点は否めない。CS推進委員会における他センターとの取り組み状況の比較、社長からの叱責により初めて、自らの理解不足、自センターの取り組みの遅れに気づいたのである。

2◆第一線メンバーとの情報共有

　関西サービスセンターでは、CS活動内容が共有されていたとはいえない。浅田センター長の指示が不十分なため、センターのCS活動推進担当の久保田もあまり積極的に動いていない状況だったことから、メンバーに活動の目的、進め方が十分伝わっていないのは当然かもしれない。

　浅田は、お客さま満足度調査結果、全社CS活動方針、センター取り組みテーマの登録などを型どおりに久保田に指示したにすぎなかった。しかし今回は、何よりも社長が事業競争力の柱としてCSを据え、本気で取り組もうとしていることを自ら理解し、トップの熱い思いをそのままに第一線メンバーと共有すべきであった。

　西東京サービスセンターでは、自センターの取り組みテーマを決めるため、

幾度となく、坪内センター長が自らミーティングに参加して、メンバーと議論を重ねたという。それに対して浅田は、自身の情報収集も不足していたが、第一線メンバーが主役であり、彼らとすべての情報を共有して進める意志が弱かったといえる。CS推進担当の久保田、若手の荒川にリーダーシップを発揮する力があっても、必要な情報が彼らに不足していては、動きようがない。

3◆メンバーの自発性の引き出し

浅田は、メンバーが自発的に本活動に参加し、取り組む場の設定を行なっていなかった。指示や報告事項を一方的に伝える会議、ミーティングは実施したかもしれないが、従来どおりの伝達・報告・指示型のミーティングでは、第一線メンバーはCS活動を自分の問題としてとらえることはできないだろう。とりわけサービス業では、第一線メンバーが主体的に考え、行動できなければ、めざすサービス品質の提供はできない。

第一線のCEは日々、お客さまと接し、さまざまな要望や意見をいただいている。彼らは本来、会社の理念、方針、判断基準を受けて、自分のお客さまのために自発的に考え、自らの判断で行動すべきであり、その力こそがCS活動を支えるものである。彼らのなかに内在するであろうCS向上の考えや行動を引き出し、確認する場を設定する必要があるのだ。

問題点の共有と「思い」の共有

浅田は、他センターの取り組みに追いつき、自センターとして納得のいく活動を行なっていくために以下のことをすべきである。

まずは、第一線メンバーと活動の目的、進め方、自センターの問題点を共有する。その前提として絶対に欠かせないのが、「思いの共有化」である。「決意の共有化」といってもよい。藤岡社長と原田全社CS活動推進事務局長の活動に対する思い、確かな決意を浅田自身が受けとめ、その熱い温度のまま、第一線メンバーに伝えることが重要である。浅田自身の活動の必要性への十分な理解、自センターとしての取り組みの決意が不可欠であることは言うに及ばない。

情報を共有する機会を設けることに躊躇する管理者がいる。メンバーそれ

ぞれがお客さまのところで仕事をしているために、全員が揃うミーティングの設定がむずかしいという言い訳がされがちで、その次善の策として、参加できる者だけが集まり、あとは書面でという方法がとられることもある。しかしそのような譲歩そのものが、先頭に立って推進すべきリーダーの決意のなさの表われであり、それではメンバーに活動の重要性は伝わらない。ミーティングは全員参加を原則とし、本来業務として行なうという強い決意で、情報共有化の機会を設けるべきである。

　全社活動のめざす姿をメンバーに明確に示し理解してもらえれば、各自の自発的な取り組みにつなげられる。特に本ケースのように、第一線メンバーがお客さまのところでそれぞれの判断で行動しなければならない事業特性を持っている場合、めざす姿をメンバー一人ひとりが明確に意識できれば、判断や行動のばらつきは最小限に食い止められる。

　次に取り組むべき点は、第一線メンバーの自発的な参加、やる気を引き出す機会づくりである。上からの報告・指示型の会議やミーティングを行なっているだけでは、第一線メンバーの自発性ややる気を引き出すことはむずかしい。彼ら自身が自分の問題として自ら考え、活動に主体的に参加する意志を醸成できるような双方向のミーティングが必要である。

　具体的には、お客さま満足度調査結果にもとづき自分の担当するお客さまのCS上の問題を検討する、自センターの問題点についてメンバー間で検討する。そして推進担当は、検討するためのフレームを提供し、メンバーの検討結果を一緒に確認する。当然、メンバー一人ひとりが理解、納得し、自分が主体的に取り組める状態になるまで、ミーティングの回数を重ねなければならず、個別メンバーのフォローも欠かせない。

　活動計画段階で、このような双方向での検討を徹底的に行なうことを通じて、各メンバーは活動に対して自発的に参加できるようになる。図表3－1にある「部下本位のマネジメント」とは、まさに部下の自発的な参加を促進するマネジメントである。コーチングの基本的な考え方でもあるが、参考にしていただきたい。

　また、マルフジ機械サービスの全社CS活動においては、各サービスセンターのお客さま担当者であるCEが主役であり、彼らの自発的な活動を支えるた

図表3-1◆上司本位のマネジメント、部下本位のマネジメント

上司本位のマネジメント	部下本位のマネジメント
上司が答えを持っている	部下が答えを持っている
X理論的な人間観	Y理論的な人間観
条件付きの信頼	無条件の信頼
指示命令型のコミュニケーション	質問型のコミュニケーション
支配・従属的な人間関係	協働な人間関係
タテ型組織	ヨコ型組織

資料：榎本英剛「部下を伸ばすコーチング」

図表3-2◆逆さまのピラミッド

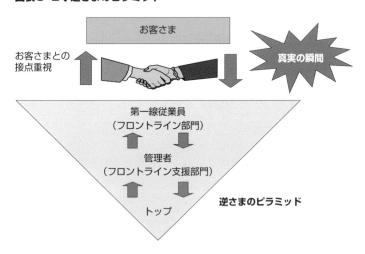

めにサービスセンターの管理職、センター長が存在する。言い換えれば、第一線CEが活動に取り組みやすい環境づくりをするのが、センター長の浅田の役割なのである。CEが抱えている問題をサービスセンター全体で取り組み、検討していく。センターで解決がむずかしい問題は、全社CS活動推進事務局の支援を仰ぐ。原田業務部長の言う「われわれ全社CS活動推進事務局は、第一線の活動を支援するものである」は、それを表わしている。

サービス業、あるいはCSを基軸に進めている企業では、お客さまとの接

点を担う第一線メンバーが主役であり、管理者は第一線メンバーを支え、そして全体の方向性を決めるのがトップという構図になっており、「逆さまのピラミッド」(図表3-2)を用いて組織のあり方が説明されている。浅田は今後も、必要な支援は原田など本社に求め、自センターでの活動を推進していく役割を担っていく必要がある。そして、第一線メンバーのモチベーションを引き出し、自発的な取り組みを実現するためには、組織やマネジメントのあり方そのものから変えていくことも求められるのである。

(長崎　昇)

人材育成

4. 「イマドキ」の若手部下の育成

設　問

　若手層のスキルアップのために富田課長が実施した施策を評価してください。

● **ねらい**　マハロ産業は主に輸液ポンプを製造し、病院に販売している老舗の医療機器メーカーである。団塊世代の退職もあり、近年は若手人材の採用を積極的に行なっているが、ベテランと比べると若手のスキルが圧倒的に低く、大きな課題と考えられている。若手人材のスキルアップのために課長は何をすべきなのか、考えたい。

ケース

● **主な登場人物**

富田課長：営業１課長、44歳。顧客との信頼関係を早期に構築するのを得意としている。入社以来15年間、中規模病院を主な得意先とする営業２課に在籍。６年前、大規模病院を主な得意先とする１課に異動した。

山根部長：営業部長、52歳。担当者時代に営業企画部に３年間在籍していた。２年前に営業部長に就任。

蓑　輪：営業１課に配属された新入社員、23歳。入社試験の成績が同期社員のなかでもっとも高く、入社前から「優秀」との評判だった。

井　上：営業１課のエース、32歳。５年連続で売上目標を達成。顧客からの評価も高く社内からも信頼されている。

●最近の若手社員は本当にダメなのか

「最近の若いやつはダメだな」。課長の富田は、ビールを飲み干すとともに、ため息をつく。それを部長の山根が、まあまあ、とたしなめながら、あん肝を満足そうに食べていた。最近の富田は特に愚痴っぽい。「優秀だ」と入社前から評判の良かった蓑輪を、期待のエース候補として自分が直接面倒を見ようと、「ぜひうちの課に」と人事にかけあい、調整に苦心してやっと配属してもらったものの、うまくいっていない。

富田「今年入社してきた蓑輪ってやつですよ。何を考えているのかさっぱりわからない。あれが、イマドキってやつですか？ 私の若いころは、もっとちゃんとやっていましたけどね。ところで部長、聞いてください。得意先のＸ病院に蓑輪を連れて行ったときのことです。新製品のＳシリーズを紹介するタイミングでした。あいつ、俺がＳシリーズを紹介した直後に、Ｓシリーズの一体どこがいいんですかって言うんです。信じられますか？ お客さまが目の前にいるのに、ですよ」

山根「ほう、そうか。いいじゃないか。それで、おまえはどう答えたんだ？」

山根の顔は満足そうだった。

富田「もちろん、お詫びしましたよ。うちの若いのがご迷惑をおかけしますって。それから、現行のＮシリーズと比べコンパクトになったこと。これが最大のポイントですって。そんなの開発段階からずっと決めていたことじゃないですか。いまよりコンパクトなやつをつくろうって。みんながそれに向けてがんばったじゃないですか」

憮然としている富田の横で、「まあ、そうだけどな」と山根の顔からは、満足そうな笑顔が消えていた。

●ロールプレイで何を学ぶか

「きょうはロープレをやるぞ」。富田は営業会議の冒頭で宣言した。自信に満ちた力強い言葉だった。「いいか、ロープレをやるのは、新製品Ｓシリーズの販売をもっと強化するためだ」「病院で『Ｓシリーズの一体どこがいいんですか』なんて寝ぼけたことを言っているやつがいたら、俺は許さない。絶対にだ」。課員６名に向けて富田は続けた。

富田の言葉に苦笑するメンバーもいるなか、蓑輪は表情も変えずにいる。

「小林、おまえがセールス役をやれ。井上、お客さま役を頼む」。富田の指名に２名が立ち上がる。セールス役を命じられた小林は、やや不服そうな顔をしているが、２名は設定の確認をして、早速ロープレにとりかかる。
小林「いやー、大変ご無沙汰しております、井上部長。お元気でしたか」
井上「やあ、小林君。きょうはなんだね？」
　小林の表情は硬く、井上の言葉もきわめて事務的だ。
小林「（パンフレットを取り出し）きょうは新製品をご紹介に参りました」
井上「ほう、どういうのかね？」
小林「はい、早速なんですが、Ｓシリーズと言いまして、従来のＮシリーズの輸液
　　　ポンプと比べて、随分とコンパクトなんです」
井上「なるほど、確かにコンパクトだね。これはいいね。じゃ、うちでも採用し
　　　ようかな。あ、そうだ。コストはちゃんと抑えてくれるの？　うちはベッド数
　　　が260もあるからね。コストを少しでも抑えないとね。コスト、重要なんだよね。
　　　もちろん、ちゃんとやってくれるよね？」
　少し笑顔を見せた井上に、小林は少し戸惑いながらも「…もちろんです、部長。コストはベストをご提示します。早速、社内で検討して、今週中に改めてご連絡します。きょうはお時間いただきありがとうございました」と続けた。
　井上の「よろしく頼むよ」という台詞とともに２名はロープレを終えた。
　富田は「よし、そうだ」と言って立ち上がった。
「いいか、Ｓシリーズ最大の特徴はサイズをコンパクトにしたことだ。コンパクト化するのに、開発部では大変な努力をした。Ｎシリーズと並べてみればよくわかるが、容積では10％のコンパクト化に成功している。これは、画期的な技術なんだ。そう簡単にコンパクト化ができるわけじゃない。だから、いまのロープレのように、コンパクトだとアピールするのが大事なんだ」
　誇らしげに語る富田に、いままで黙っていた蓑輪が「すみません、教えてください」と手をあげた。ロープレを終えた小林は、またかとあきれ顔をし、部長役の井上はニヤニヤしている。
富田「わからないことがあれば、なんでも聞いていいぞ。なんだ？」
蓑輪「ありがとうございます。これ、コンパクトだと何がいいんですか？　それと、
　　　いまのロープレ、予定調和ですよね。意味あるんですか、こんなことして。だ
　　　いたい病院に伺ったときに、こんなに簡単に話がまとまるわけないじゃないで
　　　すか。コンパクトなんです、買ってください、で買ってくれるなら…」

富田「いい加減にしろ！」
　話の途中で怒鳴りつけられた蓑輪は、なんでも聞いていいと言ったじゃないかと言おうとしたが、言葉を飲み込んだ。
富田「いいか、俺たちが若いころは先輩の仕事を見てよいところを盗んで成長してきたんだ。あのころは、相当苦労したもんだ。ただな、それじゃあまりにも、と俺も思う。だから、こうしてロープレやって、得意先に連れて行って、おまえのためによいところを見せるようにしているんだ。それを何だ、馬鹿にしているのか。何が予定調和だ、俺たちは演劇をやっているわけじゃない」
　富田は蓑輪をにらみながら話を続けた。一方の蓑輪は淡々としている。
富田「いいか、得意先のフトコロに飛び込んだら勝ちだ。そのためには、お客さま目線で考えろ。それが一番大事だ。お客さま目線で考えれば、かゆいところに手が届く。かゆいところに手が届けば、それがゴールだ。それが優秀なセールスだ。わかったか？」
　迫力のある富田の話し方に、さすがの蓑輪もここで「いいえ」とは言えず、「わかりました」と答えたが、頭の中では違うことを考えていた。
　「コンパクトだという事実を、お客さまにどうアピールするのか、意見を聞けないままだったな」「フトコロとか目線とかかゆいところとか、本気で言ってるんだよな。残念だよなぁ」。さすがにこれは、声に出しては失礼だと黙っていた。

● 「コンパクト」をお客さま目線で伝える
　翌朝、蓑輪がいつもより早く出社すると、すでに井上が席にいた。
蓑輪「井上さん、おはようございます。早いですね」
井上「きょうは、たまたまな」
　井上はPCに向かって何やら打ち込んでいたが、蓑輪は話しかけた。
蓑輪「井上さん、教えてほしいのですけど、Sシリーズがコンパクトなのはわかるのですが、それがどういうメリットがあるのか、どうやってお客さまに伝えていますか？」
　失礼のないように質問できた、と蓑輪は密かに喜んだ。一方、井上はPCの手をとめて、蓑輪のほうに体を向けた。
井上「そうだな。まずは、コンパクトって伝えてもあまりピンとこない。わかるけどな。だからなんなんだ、いまだってそれなりに小さいじゃないかって、なってしまう。だから、コンパクトと言うだけでは間違いだ。そうじゃなくて、作

業効率に寄与しますって伝えるんだ。確かにSシリーズは、小さくなった。あと、あまり開発部は主張していないけど、軽量化も達成しているんだ。少しだけどな。でもそれは、俺たちマハロ産業側の仕事だからな、お客さまや実際に輸液ポンプを設定・設置する看護師たちは、そんなこと気にしていない」

蓑輪「僕もそうじゃないかと…」

井上「輸液ポンプを点滴棒に取り付けるとき、慣れているとはいえ、軽くて小さいほうが作業がしやすい。これは真実だ。俺の実験だとSシリーズはNシリーズに比べて15％は取り付け時間が短くてすむ。だから俺はまず、作業時間の短縮にSシリーズが貢献できます、と紹介している」

蓑輪「なるほど」

井上のことを凛々しく気品があるように感じた蓑輪は、本当に感心したように言った。そして今度は、生意気そうな表情で聞いた。

蓑輪「それって、お客さま目線の結果ですか？」

井上「おまえ、人を馬鹿にしすぎなんだよ。まあ、俺は嫌いじゃないけどな。確かにお客さま目線ってのはただのスローガンだ。そのものに具体的な意味はない。だから、お客さま目線という言葉どおりじゃなくて、お客さまが実現したいこと、期待していることを想像するんだ。たとえば作業時間の効率化。どこの病院でも話題になっている可能性が高い。同じ作業するんなら、もちろん時間は短いほうがいいからな。ただし、絶対に作業品質は落としてはいけない。ミスが許されないからな。それがむずかしい。今回のSシリーズは、その作業時間の効率化に大きく貢献できるんだ。やり方を変える必要はない。扱いやすくなった分、時間を減らせる。それがSシリーズの提供価値だ」

井上は、黙ってうなずきながら聞いていた蓑輪の理解を確かめるように、顔をのぞき込んだ。蓑輪は随分と納得した様子で、「井上さんが課長になればいいのに」とつぶやいた。

解　題

　富田が若手人材のスキルアップのために実施した施策は、①得意先であるX病院への同行、②営業会議のなかでロープレ（ロールプレイング）を実施、の２つである。両施策について評価すると、次のとおりである。

得意先への同行
　得意先訪問ができた、という成果はあるものの、良いお手本を示せていない。蓑輪から「一体どこがいいんですか」と場をわきまえない質問が発せられた際に、「現行のNシリーズと比べコンパクトになったこと。これが最大のポイントです」と答えているが、コンパクト化と軽量化の結果、どのような価値をお客さまに提供できるのかが語られていない。本ケースでは、富田の得意先での説明の詳細までは記されていないが、不十分だった可能性が高く、お客さまの期待を超えることはできなかった。はからずも新入社員の発言で挽回のチャンスがつくられたのに、富田はそれも活かすことができなかった。
　これでは、若手人材のスキルアップが達成できたとは評価できない。

営業会議のなかでロープレを実施
　ロープレは、スキルアップにきわめて大きな成果を出すことがある。ただしそのためには、少なくとも以下の３つが条件となる。
- お客さま役の設定に時間をかけ、どのような期待を持っているのか、論理的な破綻はないかを十分に検討すること
- お客さま役の期待は、マイナーなものでなく、メジャーなものであること。それも、重視している得意先の期待と一致していること
- お客さま役とセールス役は、共有している情報とそうでない情報が区別できていること

　これらを今回のロープレに照らし合わせると、どれもできていない。小林と井上は、２〜３の設定を確認しただけであり、そもそも準備が十分でない。

また、井上がおそらくアドリブで追加したであろうコストに対する要望は、重視している得意先の期待と一致しているかといえば、きわめて怪しい。
　また、得意先がすぐに前向きな購入を表明するのなら、そもそもロープレを実施する意味はなく、蓑輪の指摘するように予定調和でしかない。
　さらに、蓑輪を叱責している最中の「得意先のフトコロに飛び込んだら勝ちだ。そのためには、お客さま目線で考えろ。それが一番大事だ。お客さま目線で考えれば、かゆいところに手が届く。かゆいところに手が届けば、それがゴールだ」との発言は、担当者がめざすべき方向性は提示しているものの、具体性がまったくないために担当者は実現できない。したがって語る意味がない。
　担当者がどの方向をめざすべきか、どのように販売をするかは、「フトコロに飛び込む」や「お客さま目線」という言葉でごまかすのではなく、できるだけ具体的に語らなければならない。それがなければ、若手人材のスキルアップにはつなげられない。

（掛足耕太郎）

5. 定年後に向けたキャリアデザイン

キャリアデザイン

設問

ミドル層社員にとってキャリアデザインはなぜ必要なのでしょうか。そのあり方やポイントを本ケースから抽出してください。

- **ねらい** 日々の業務に振り回されがちなミドル層社員がその日暮らしに追われることなく、中長期のキャリアイメージを明らかにし、そのための自己啓発を行なうことの重要性とポイントを明らかにする。

ケース

●主な登場人物

滝原所長：中堅精密部品メーカー湘南精密部品の大阪営業所長、42歳。34歳のときに結婚し、現在は妻と二人の子ども（小学校1年生と2歳）がいる。現在は単身赴任中。

堀　　田：滝原の大学の同級生、42歳。5年前に大手SI企業を退職後、画像処理ソフトのベンチャーを立ち上げ、その経営にあたる。一昨年より黒字化し、来年は累損を一掃する予定。妻と二人暮らし。現在は年に数回、世界中のリゾートを巡り悠々自適の生活を送っている。

後　　藤：滝原の元上司、61歳。西日本営業部長を務めた後、1年前に定年となり、現在は営業業務部に嘱託として勤務する。現役時とは業務内容が変わり、

営業データの分析作業を行なっている。ただし、分析といっても手順が定まっている単純繰り返し作業であり、業務の質は現役時代と比べて随分異なっている。

深江顧問：湘南精密部品の技術顧問、61歳。現役時は開発部の部長だったが、役職定年後は開発部の部付部長へ。部長時代に築いた大学や公的研究機関との人脈を活かして現在も共同研究を企画推進中。学会等でたびたび講演を行なっている。

●キャリアは自然体で受け入れるものか、自らつかむものか

「滝原さん、これじゃまずいよ。ただ欄を義務で埋めているとしか思えない内容だ。思いがまったく伝わってこないよ。書き直し！」

上司の田中から突き返されたのはキャリアシートである。湘南精密部品では入社10年目と20年目の節目に、人事部より配布されるキャリアシートに自分の将来像と自己啓発課題を検討して書き込み、上司との面談を通じて自身の今後の道筋を見通す「キャリア申告制度」を導入している。

滝原は、私立大学の商学部を卒業し湘南精密部品に入社、この4月で入社20年を迎えたが、人事部から送られてきたシートを見ての印象は、面倒くさいというだけだった。「そういえば10年前にもあったな。あのときに何を書いたかなんて、とっくに忘れてしまった。お客さんへの見積もりを今日中に仕上げなくてはならないこの忙しいときに、なんでこんなことをさせられるんだろう。ここでいろいろ書いたってどうせ、結局はなるようにしかならないのに」。期限ギリギリで提出したシートの内容は適当さ加減が見え見えで案の定、上司から再提出を宣告されてしまった。「10日後に再面談をするので、それまでにきちんと考え直しておくように。忙しいのはわかっているが、だからこそ、このシートが重要なんだ。悩んで当たり前だ。せっかくの機会なんだからとことん悩め！」

田中の厳しい言葉に込められた真の意味もわからずに、内心ただただ面倒くさいと思いながら、滝原は「はい…」と形だけの返答をした。

●ベンチャー経営者となった旧友との出会い

数日後、新大阪駅で東京行き最終の「のぞみ」乗車口に向かって新幹線上りホームを歩いていた滝原は、「おい、滝原！」と突然声をかけられた。「関西で自分のことを呼び捨てにするやつに覚えはないぞ！ 失礼なことを言うやつはだれだ！」

と不審の表情で振り向き声の主を見ても最初はピンとこなかったが、だんだん昔の面影が戻ってきた。

「堀田か？」「おう、やっぱり滝原だ」「懐かしいなぁ。元気でやっていたか？」

　大学の同期との15年ぶりの再会であった。二人とも同じ列車で東京に向かう身であり、自由席に並んで座ることができた。缶ビールを片手にひとしきりの昔話のあとで、近況報告となった。堀田は5年前にそれまで勤めていた会社を辞めて、自らベンチャーを立ち上げたという。設立当初の苦労話もいまとなっては語り草で、順風満帆のきょうこのごろのようであり、本人もいきいきとしていた。

　ベンチャー経営で得られた収入の話は魅力的だったが、それ以上に滝原の心に響いたのは、このベンチャーが堀田の若いころの映像演出家になるという夢を実現させたものだったことである。思い起こせば、自分にもインダストリアルデザイナーになるという夢があった。しかしながら芸術系の仕事の厳しさを周りの人からさんざん言われ、いつの間にかその夢を選択肢から外し、いまの会社に就職したのである。それでも社内では順調にキャリアを重ね、出世頭とは言えないまでも、大阪営業所長を2年前から務めていた。

　堀田の「いまの湘南精密部品にいたって行く末はたかが知れているんだろ。そうだったら自分の人生の夢をめざしたほうが、あとで後悔しないよ」という話は、これまで自分の生き方に特別な疑義も抱かずに過ごしてきた滝原にとってインパクトがあった。

　滝原は「なるほど。キャリアデザインとはこういうことだったのか。確かに自分のこれからをどうしようなんて、いままでまともに考えたこともなかったなあ。会社のキャリア申告制度は、自分の先を考えさせる丁度よいきっかけなんだなあ」と、やっとキャリア申告制度を受け身ではなく自分事としてとらえられるようになった。特に堀田の「夢をもう一度」という話は滝原にとって衝撃的だった。

　折しも、電車運転手になりたいという子どものころからの夢を、それまでの社内キャリアを捨てて50歳になってから実現した映画が封切られた。これらが刺激となり、若いころのインダストリアルデザイナーになる夢が頭をもたげてきた。

　帰宅後、冗談交じりに妻の容子にこの話をしてみたが、「子どもがまだ小さいのに、何を馬鹿なこと言っているの」とけんもほろろの言いぐさである。滝原は、「自分の夢をこれからのキャリアにするのはやはり無理があるよなぁ。だとしたら、自分のキャリアをどう描いたらいいんだ…」とまた悩みだしたのである。

●**尊敬する元上司の定年退職後の立場**

　その翌日、滝原は本社で大先輩の後藤に会った。後藤は、滝原が社会人生活をスタートさせるにあたり、きめ細かく面倒をみてくれた新入社員時代の上司である。西日本営業部長まで務めて定年退職し、いまは1年ごとの嘱託社員として再雇用され、営業データの集計と分析を行なっている。15年ぶりの再会に二人は近くの居酒屋で語り合った。

　途中で滝原は、ここのところ気になっていた事柄を持ち出した。「実は、自分のこれからについて、いろいろ迷い出してしまったんです。このままいまの仕事を続けていったとしたときに、その先はどうなってしまうんだろうと。後藤さんのいまの様子を聞かせてもらえませんか？」。

　後藤曰く「給与は正社員のときの6割程度となったけれど、仕事があるだけありがたいと思っているよ。だから仕事のことで文句を言っちゃいけないんだが、現役の社員とのやりとりがほとんどなくなってしまったことが寂しいね。いろいろと手伝ってあげたいし、そうすれば確実に業績もよくなるんだけれど、相手も遠慮しているようでなかなか歯車がかみ合わないんだ」

　後藤は、遠くを見るようなまなざしで話し続けた。

「うちは役職定年が57歳じゃない。役職を離れた途端、口の利き方が変わってしまった人がいて寂しい思いをしたことがあるんだ。これがきっかけとなって、だんだんそういう状況に陥ってしまったように思う。何か、会社にいるのだけれど社員でないような感覚に陥ってしまっている。いまでは気持ちのうえで割り切っていて、朝晩のあいさつができればよし、と思っているけれどね」

　後藤は、われに返ったように、話の方向を変えた。

「滝原さんにはあんまりおもしろい話じゃないな。別に私の同僚のすべてがそんなわけじゃない。いまも開発部にいる深江顧問を知っているだろう。彼は私と同期なんだけれど、定年退職後も自分のネットワークを活かしてあのように、まだ現役バリバリで働いている。なんだったら紹介するから話を聴きにいったらどうだ。

　滝原さんがどう思うかはわからないが、私は私なりに会社に尽くしてきたつもりだ。だから、自分の50代後半からのシニア時代になっても会社がなんとかしてくれるだろうと思い、自分からは特に何もしなかった。そのツケが、いまになって回ってきたみたいだね。特に何もしなくても、自分の経験から培ってきた営業のスキル、ノウハウがあるから、役職を外れても営業担当でやっていけると思い

込んでいたんだ。実際は、営業ツールがシステム化されて使いこなせなくなってしまったし、何よりお客さんも自分よりずいぶん年下で、なかなか話が合わなくなってしまって、どうも話しづらそうなんだ。こうなると自分の強みだったお客さんの懐に飛び込む作戦がまったく通用しなくなってしまったんだよね。それでも自分は定年までは一応役割があったからよしとしなければならないと思っている。最近はキャリア自律という言葉があるようだが、自分のキャリアは自分で考えなければならないことを、いまになって痛感している」

　入社以来、何かにつけて面倒を見てくれ、尊敬していた後藤の話は、滝原にはショッキングな内容だった。そして「あの後藤さんでさえ、そのような扱いしか受けられないのか、会社はどうなっているんだ」と会社への不信感を抱くようにもなった。

●定年後も社内で活躍できる人は何が違うのか
　開発部の深江顧問は再雇用を感じさせないバイタリティのある活動をしていることで、社内でも有名な人である。現役時代は、学会でも通用するような技術力に加え、多くの研究機関との技術提携により湘南精密部品の事業領域を大きく広げてきたことが評価されている。現在は顧問の位置づけとなっているが、いまだに全国はおろか海外も飛び回り、新たな事業の種を導入しようとしている。

　そんな深江に後藤の紹介で会うことができた。年を感じさせない気さくな人柄で歓待してくれた。滝原と深江の接点はほとんどなく、10年ほど前に滝原が担当していたあるお客さまへの提案の際に同行してもらったことがあるだけだが、深江は滝原のことを覚えていてくれた。そんなところから会話がはじまった。
「よく覚えていてくれましたね。そんなに特徴のある仕事ではなかったのに」。滝原が驚きとうれしさの入り交じった表情で尋ねた。
「それは、営業あっての開発だからね。まあ開発だけでもないんだけれど。仕事っていうのは一人で完結するわけではなくて、お客さんやいろいろな部門の人がいて初めて成り立つものだろう。だから、たくさんの人との出会いを大事にしているのさ。また滝原所長と仕事をすることがあるかもしれない。そのときにゼロからスタートしたのでは、なかなかスムーズに進まないだろうからね」
　滝原は、まるで営業の超ベテランと話をしているような中身の濃い話だと感じた。
「自分も昔からこんな考えを持っていたわけではないんだ。技術者っていうのはともすると技術至上主義になってしまうだろう。私も30代半ばまではそんな一人だっ

たんだ。高度技術を組み込んだ製品ならば必ず売れると信じて疑わなかった。確かにそれで学会発表ができ、特許を取得した技術をいくつか開発することもできた。それはそれで悪くないんだが、いまから考えると、いつの間にか自分が天狗になってしまったんだね。

　そんなある日、満を持して発売した商品でそれを思い知らされることがあった。同時期に発売された競合企業の新商品に負けてしまったんだ。技術としてはうちのほうが先端技術を織り込んでいるし、性能も勝っていた。でも売り方が違っていた。競合の東洋精機は、お客さんの現場に入り込み、その使われ方、組み込まれ方までを含めて要望を聴き、きめ細かく対応する体制をとって実績を積み上げたんだ。この一件を通じて、お客さまの声を聴くことの重要性を思い知らされたわけだ。自分はそのつもりでいたけれど、実は顧客ニーズは自分の頭の中で勝手に作り出していたものだったんだ。

　こんな経験を経て、お客さまの声は聴くようになったけれど、もう一度身の回りを見ていて気がついたのが、社内のみんなの声をどれくらい聴いて仕事をしているのかということなんだ。別の言い方をすれば、自分を商品として考えたときにお客さんである会社（社内）でどれくらい買われて（認められて）いるのかということになる。

　それまでは社内のメンバーとのつき合いなんて意識したことがなく、必要最低限のビジネスコミュニケーションがとれていればよいと思っていた。他人に自ら話しかけることもしなかったし、気の合わない人とは距離をおいていた。ご機嫌取りのようなことはする必要はないと気張って、仕事上の飲み会に顔を出すこともなかった。周りの人の立場に立って自分を見ると、技術を鼻にかけるつき合いにくいやつだということが痛いほどわかった。実際、交流を避けている人が何人かいることも見えてきた。

　それ以来、周囲の人とも良好な関係を維持しながら仕事を続けるようにしている。身のほどを知って動かないと、ノーベル賞がもらえるぐらいの技術力があるならともかく、そうでなければ社内で自分の居場所がなくなってしまうんだ。もちろん技術を軽視してはいけない。技術力を高めるための切磋琢磨は当たり前だし、その努力はしてきたつもりだ。しかしそれは必要条件でしかなく、その能力をいかに周囲の人の望む形で発揮できるか、つまり周りの人が自分に何を望んでいるのかを知ることが十分条件なんだ。

　おかげさまで、役職を離れても役員や一緒に仕事をしていた周りのみんなが声

をかけてくれるので、いまでもやりがいを感じながら仕事ができている。ほかのみんなが持っていない大学とのネットワークもあるので、それを活かした技術提携や共同研究のアレンジをすることもできるんだ」

深江の控え目ながらも自信に満ちた話を聴いていて滝原は、なるほどこんな人だったらいつまでも一緒に仕事をしていきたいな、と思うとともに、翻って自分は、周りの人が期待するほどのスキルや知識・能力、ネットワークを持っているんだろうか、喜んでまた自分と一緒に仕事をしようとする人がどれくらいいるのだろうか、と顧みるのであった。

いったんは会社に対する不信感を抱いた滝原だが、深江の話を聴いて、会社がどうのこうのと言う前に、自分が周囲に対してどれだけ気配りや働きかけをするかのほうが大事だと感じたのである。

●会社や組織に貢献できる自分の強みは何なのか

キャリアシート再提出の期限が迫ってきた。当初、提出したシートには、営業マンとしての専門知識・スキルを磨き、社内ナンバー1の業績を上げるといった程度の内容を書いていた。自分の一方的な願望をダラダラと連ねただけのものであり、将来の活躍している姿をイメージできるものではなく、上司の田中が差し戻しをした理由もわかった気がした。けっして自分に嫌がらせをしようとしたわけではないことが身にしみてわかり、感情的にイラついていた自分を恥じた。

10年後、20年後に自分が活躍できている姿とは、何をしているところだろうか。深江の「自分の社内での商品価値」という言葉が甦った。自分が何をしたいかという見方もあるが、自分の能力・スキルが社内でどれだけ通用するのか、会社や周囲の人が自分に何を求めているのか、それに応えられる自分であるのか。そんな見方で考え出した。

「自分は営業のエキスパートとして業績を出し続けていけるのだろうか」

「いまは営業所長として管理職の端くれにいるが、今後支店長、部長と役割を高めていけるのだろうか」

滝原は、キャリアシートに記入する前に、自分のこれまでの20年間のキャリアを書き出してみた。

22歳　入社
23歳　横浜営業所
28歳　仙台営業所

33歳　本社販売促進部　特約店フランチャイズ化の企画担当
　　34歳　主任昇格
　　36歳　中国　上海湘南精密有限公司出向　中国における販路開拓担当
　　40歳　管理職昇格　大阪営業所長に就任

「販促部にいたときの特約店フランチャイズ化は、前も後ろもわからず随分苦労したけれど、あのときにやっていたことはビジネスモデルの革新だったんだ。いまになって思うと結構すごいことを成し遂げたんだな」

「中国の現地法人に出向し、ゼロからのスタートで市場開拓をしたことがあるが、ここでの経験も活かせるかもしれない」

「いまの大阪営業所では、新しい取引先をつくるための仕掛けをいろいろ試行錯誤しているが、この経験も財産になるかもしれない。こういうことは経験がものを言うからな。でも自分は経験から何を学んだのだろう。勉強になったと思ったことはあるものの、具体的に何を学んだかはきちんと刈り取ってきていない」

　さまざまなことが思い起こされた一方で、10年後20年後の世の中にも思いを巡らせてみた。

「お客さまや市場の状況はどんなふうに変わっていくのだろう」
「事業・職場はどんなふうに変わっていくのだろう」
「そんななかで営業のエキスパートとして業績を上げていくためには、具体的にどんな行動が求められているのだろうか」
「自分の強みを考えたときに会社や組織に貢献できる役割はあるのだろうか」
「そのためにはどんな知識・スキルを身につけていなければならないのだろうか」

　滝原はキャリアシートに向かいだした。

解題

　本項は、世の中でキャリアデザインと言われている領域をテーマとして取り上げたものである。60歳定年制が徐々に形を変えようとしている今日、50歳代後半から60歳代をどう過ごすかは、本人にとっても会社にとっても重要なテーマとなっている。

なぜキャリアデザインが重視されるのか
　50代半ば以降のベテラン層社員の処遇をどうするかは、人事に携わる人たちの間で現在もっとも注目される課題である。
　高年齢化が急速に進む日本では、老齢年金の支給開始年齢が後ろ倒しされ、それにともない高年齢者雇用安定法が改定され、会社としては60歳以降も雇用継続することが原則義務化されている。このような状況下で、ベテラン層社員をどう扱うかに大きな関心が寄せられている。
　社員側からしても昔は60歳になれば子育ても一段落して、その後は配偶者と二人でどう余生を楽しむかという状況が一般的だった。しかし最近は晩婚化の影響などにより、60歳を超えても子どもが扶養家族になっている家庭も多く、本格的に働いて稼がなくてはならない60代が増加している。さらに少子高齢化が進む人口構成を考えると、一生働き続ける生涯現役時代が目の前に迫っていると言っても過言ではないだろう。
　ベテラン層社員に対しては、会社も複雑な見方をしている。企業により状況は異なるが、ポジティブにとらえられる点と、どちらかというとネガティブにとらえられる点の両面が存在しているのである。
　ポジティブな面としては、会社・業務に関連した知識・スキル・ノウハウを十二分に備え、また会社の酸い甘いを知り尽くした戦力を獲得できる点があげられる。ミドル層に比べて年を重ねてくる分、体力的には劣る面があるものの、それを補ってなお余りある貴重なノウハウを持っている。このノウハウを活用しない手はないと、さまざまな役割や仕事を編み出している会社は多い。後進の指導役としても期待されている。今後、特に若年層人口が減

少していくことを考慮すると、この戦力確保の視点はさらに重視され、ベテラン層活用ノウハウの蓄積は多くの会社の喫緊の課題となっている。

一方でネガティブな面としては賃金の問題が大きくとらえられている。ベテラン層社員は無給のボランティアというわけにもいかないので、雇用継続年数が増える分、会社としての人件費負担は増大する。一方で会社の収益構造からみて許容できる人件費には限りがあり、この点をどのように折り合いをつけるかがどこの企業にとっても悩みの種となっている。

ベテラン層の人件費が増える分、新人の採用を控えるといった打ち手もあるが、やり過ぎては先々、企業体力が落ちてしまうので限界がある。現役層の賃金を何らかの工夫で抑制してベテラン層分の賃金を捻出する会社もあるが、現役層からの賛同は得にくい。ベテラン層の賃金をあまり下げてしまうと士気にかかわるだけでなく、最低賃金は限度額が法定されており、また同一労働同一賃金の原則のもと、なかなか最適解が見つけられない。

また、ベテラン層のなかには現役層とほとんど能力スキルに差がない人もいれば、働く意欲の低い人もいる。こういったベテラン層も継続雇用しなければならず、このような人材を役立てられる場所がなかなか見つけられないことも問題としてあげられる。業務効率や生産性の向上に躍起になっているところに、役割のはっきりしないベテラン層が残っているというのは、ほかの社員に悪影響を与え、職場の士気に大きく影響する。会社にいてほしくない社員もいる、というのが人事部門の半分本音である。

多くのベテラン層は、会社に在籍する限り会社も認める役割を発揮し、会社の一戦力として活躍していたい、働きがいを感じていたい、と考えている。そんなベテラン層でいるために求められる準備項目を明らかにするのがキャリアデザインなのである。

キャリアデザインのプロセス

このようにキャリアデザインの重要性は、会社からみても高まっている。

そこで会社からの働きかけとして、本人にこれからの自分のキャリアを本気で考えさせる機会を設けることが多く行なわれている。日々の仕事に追われるだけだと、どうしても視野が狭くなりがちなので、何らかの節目の時期

に視野を広げ、自分の将来に思いを馳せる場を設定するのである。本ケースのように上司との面談の仕組みを取り入れている企業もあれば、研修の形をとる企業も多い。

1◆キャリアデザインのフレーム

キャリアデザインでは自分の10年、15年先の将来像を描く。この将来像が現在からの延長線（as is）になってしまっては意味がない。そこでまずは現状にとらわれない将来像を発想することからはじめる。ただし、将来像を描いただけでは夢物語で終わってしまう。キャリアデザインの本質は、将来像実現に向けて自己啓発行動を起こすことにあるので、発想した将来像と現状を結びつけ具体的行動を引き出すことが肝要である。そのためにキャリアデザインは一般的に次の5つのステップで推進されている。

①マイビジョン：まずは、これまでの自分、いまの自分、周りの環境を念頭におきながら、自らがめざす10年後、15年後の姿（イメージ）を描き出す

②マイターゲット：マイビジョン実現のために、初めのマイルストーンとして3年後程度に実現したい姿をマイターゲットとして描き出す。マイターゲットは3年後という近未来の姿なので、マイビジョンに比べて格段に具体的姿として表現できる

図表5-1◆キャリアデザインのプロセス

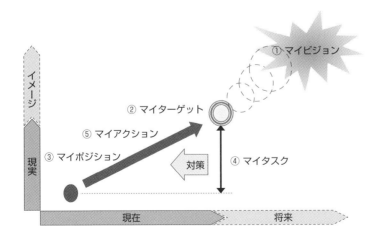

③マイポジション：マイターゲットにおいて表現された姿の要件に対する現状の水準を認識する
④マイタスク：マイターゲットとマイポジションの水準のギャップが自己啓発テーマとなるが、そのなかで重要なものをマイタスクとして設定する
⑤マイアクション：マイタスクをクリアするための３年間の実行計画を明らかにし、確実な行動につなげる

　本ケースに登場する後藤は、自分に対する過信からキャリアデザインを自分事ととらえず、会社に委ねてしまったために、結局は閑職に追いやられてしまった例ということができる。

2◆マイビジョンの設定

　キャリアデザインのポイントの一つは、マイビジョンの妥当性にある。
　マイビジョンは一般に、ありたい姿、あるべき姿、あるままの姿の３つの視点から検討する。ありたい姿とは自分の夢・願望であり、自分のなかからわき出てくる姿である。あるべき姿とは、自分がおかれている状況のなかで周りから要請される自分の将来像であり、ミッションとでも呼べるものである。あるままの姿とは、現在の担当業務・役割のまま、現在の自分資源水準のまま、時間だけが経過するといった現状の延長線上に描かれるas isの姿である。あるままの姿がマイビジョンそのものになるケースはほとんどないが現状の延長線の限界を知る意味であえて描く。
　これら３つの視点を総合的に勘案しながらマイビジョンを意思決定するの

図表５-２◆マイビジョン検討の視点

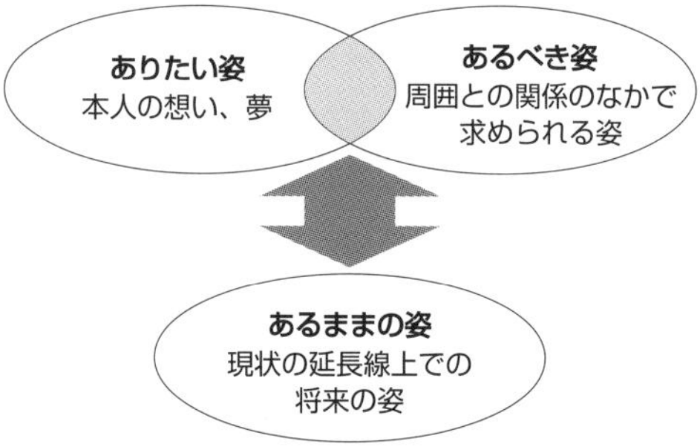

ありたい姿
本人の想い、夢

あるべき姿
周囲との関係のなかで求められる姿

あるままの姿
現状の延長線上での将来の姿

である。

年代別のキャリアデザイン

　キャリアデザインは一般的には会社や仕事に慣れ親しみ、一方で倦怠感、行き詰まり感を感じ始める30歳ごろから、5～10年スパンで実施される。各回の検討は同じフレームで行なうが、そこで描くマイビジョンは年代によって異なってくる。各年代の特徴を紹介する。

　30代では、40代の姿を描く。つまりそれぞれの職場の最前線で活躍している姿であり、専門能力の精鋭化をめざすきっかけとして求められるものである。この場合は自身の「ありたい姿」を中心に検討を進めていく。

　一方で40代のキャリアデザインは、自分が10年後、20年後も社内（もしくは世の中）から求められ、活躍している姿を描き、そのために40代のいまから挑戦すべき課題を明らかにしていく。よって、自分の夢を語るよりも、他者からの要請にどう応えるかといった「あるべき姿」中心の検討となる。

　さらに、50代で行なうキャリアデザインは、自らの定年後の姿を検討することが目的となる。そこでは、どちらかというと、これまで培ってきた知識スキルをどう活かせるか、つまり「あるままの姿」を基軸とした視点が求められることが多い。仕事以外のライフプランも含め、社内にとらわれないキャリアにまで範囲を広げることもある。

40代のキャリアデザイン

　本ケースである40代がキャリアデザインに取り組む際に常に念頭におき、自らのデザインに反映すべき方針として、以下の3つがあげられる。

1◆現実直視

　社会人生活も20年前後となると、自分のこれからのキャリアについては、なんとなく感じられるようになってくる。ただし、その実態は自分にとって都合のよい姿ばかりでなく、認めたくないものも少なくない。都合の悪いものはあえて見ないようにするのが人の性であり、その延長線上には会社がなんとかしてくれるという甘えがある。ただしそのままでは状況は好転しない。状況を好転させるためには「現実を直視」し、冷静に具体的対応策を検討す

ることしかない。

2◆他者貢献

　現実を直視すると、これからは自己中心だけでは物事は進まないことが見えてくる。世の中に自分が存在できるのは、さまざまな価値観を持つ人々から認められているからであり、自分の好き嫌いだけで物事が進むと思っては大間違いである。自分のことを思うなというのは本能的に無理があるが、自分を思うのと同じくらい他者に思いを馳せ、他者への貢献を考えるべきである。

3◆先手必勝

　キャリアデザインにより導き出されたマイアクションは、短期スパンで日々の仕事と並べて考えると優先順位は低くなる。しかしながらマイアクションによる日々の研鑽は、長い目で見ると大きな差となって効いてくるものである。あとから後悔してもはじまらないのだ。

　また、キャリアデザインは長期にわたる取り組みであることから、スタートが数日ずれても大勢に影響はなく、実際はいつはじめてもよいタスクである。ところがいつはじめてもよいものは、きっかけがないとなかなかスタートできない。そのため、キャリアデザインの面談や研修を受けたことをきっかけとして、その日からスタートすべきである。

　このように行動にあたっては先手を取ることが必勝につながるのだ。

＊

　本ケースでは、滝原は堀田のキャリアに憧れを抱くが、滝原の夢は実現性が乏しい。夢やありたい姿をめざして転身するキャリアは、広義のセカンドキャリアと言われており（狭義のセカンドキャリアは定年後のキャリアを指す）、けっして否定するものではないが、セカンドキャリアの道に転身するにあたっては、客観的勝算と、周囲の理解、そして覚悟が求められる。

　キャリアデザインは充実した人生を送るために欠かせない取り組みである。本ケースのポイントを押さえたうえで、おのおののキャリアを描き出していただきたい。

（伊藤冬樹）

6. レストラン店長のマネジメント業務

サービス現場のマネジメント

設　問

店長に必要なマネジメントが何かを考えてください。

● **ねらい**　接客型サービス業の現場を預かる店長やマネジャーは、お客さま対応や現場作業に忙殺されてマネジメントが後回しになりがちなことから、レストランを舞台に、マネジメントの重要性とポイントを明らかにする。

ケース

● **主な登場人物**

井上店長：レストランの店長、35歳。店長に抜擢されて1年目。明るさと元気が長所で接客が得意。店長らしくしなくては…と意識しすぎている一方、スタッフからの行動の切り替えができておらず、ちぐはぐな日々を送っている。

岡　　田：ホール責任者、新入社員の指導担当、31歳。面倒見がよく、若手からも慕われている。店長の井上とは、3年ほど一緒に仕事をしている。

村　　松：宴会責任者、29歳。感情の表現が少なくクールなタイプだが、しっかり者。井上が店長になって他の店舗から異動してきたので、まだお互いのことがよくわかっていない。

古谷料理長：調理部門の責任者、37歳。この店でもっとも経験が長く、調理の腕前でも一目おかれている。気難しいため、スタッフ仲間は腫れ物にさわるように接している。

加　　賀：新入社員、19歳。まじめで、早く一人前になりたいという意欲は強いが要領が悪い。

●**スタッフの役割分担と店長業務**

　店長の井上は朝出勤すると、いつものようにすぐに事務所へ入り、この日は昼に予定されている20名の立食の宴会の確認をはじめた。フロアからは、新人の加賀がホール責任者の岡田に質問しながら準備をしている声が聞こえてくる。「はい、わかりました」と加賀の元気な返事が聞こえ、岡田の丁寧な指導ぶりを想像しながら安心して事務作業を続ける井上だった。

＊

　時計に目をやると開店時間が近づいていたので、井上はフロアに出て接客にあたることにした。途中で宴会責任者の村松とすれ違ったので、一声かけておいた。「きょうの立食の宴会のお客さまはビール会社関連の方々だから、お出しするお飲み物は気をつけてよ」。「はい」と村松からはいつものように言葉少なに返事があった。口数は少ないがしっかりした仕事ぶりに、井上も村松を頼っていた。

　この日は立食の宴会以外のお客さまも多く、スタッフもバタバタしていた。井上は宴会にも顔を出し、またホールではお客さまから声をかけられることも多く、自らもオーダーをとって回るなど、接客に追われた。

　宴会が終了し、一般のお客さまもほとんどいなくなったころ、ディナーまでの間に少し時間の余裕があったので、きょうからはじめるコースの確認をするために事務所に戻ることにし、スタッフには、「汚れているところの清掃をしておいてよ」と声をかけた。

＊

　事務所で机に向かって事務作業をしていると、岡田が声をかけてきた。

岡田「店長、ちょっといいですか？」

井上「どうした？」

岡田「新人の加賀なんですけど、だれか仕事を教えてやってくれませんかね。いろいろ教えながらやっているんですが、時間がかかってほかの仕事ができないんですよ」

井上「そうか。でも彼もやる気でがんばっているみたいだから、もう少し頼むよ。そのうちいろいろ覚えてできるようになると思うから…」
岡田「わかりました。ではもう少し続けてみます」
　井上は、「助かるよ。よろしく頼むね」と岡田に声をかけて励ますのだった。
＊
　ディナーの時間になったので、井上は再びフロアに出てお客さまをお迎えする。昼に比べると比較的余裕があったので安心していたところ、男性グループのお客さまから、「随分前にオーダーしたのに、まだ出てきていない料理があるんだけど…」とのクレーム。しかし、確認するとオーダーが入っていない。「申し訳ございません。すぐにご用意いたしますので…」とお詫びし、調理に至急対応するように岡田に指示した。しかし岡田は、「そのオーダー受けてないですよ」と言っている。「でも、お客さまがおっしゃっているんだから、すぐに調理に頼んできて！」と急がせた。
　ホールを見渡すと常連のお客さまがいらしたので、テーブルへごあいさつに伺う。
井上「こんばんは。いつもありがとうございます。本日はいかがですか？」
常連客「きょうも、とってもおいしいですよ。でもいつもお願いしているように私、海老は苦手なのでコースに入っていたら外しておいてくださいね。無理言って申し訳ないけど」
井上「かしこまりました。お気になさらないでください。ほかには何かございませんか？」
常連客「ワインをいただきたいのでリストをいただけるかしら」
　「少々お待ちください」と井上はワインリストを取りに行った。
　途中で岡田に会ったので、「あちらのお客さま、いつものように海老は外してあるよね？」と確認すると、「いえ、伺ってませんけど…」という返事。あわてて調理に連絡に行かせたが、「さっきから何やってんだよ！」と怒鳴る料理長の古谷の声が聞こえてきた。一方的に非を責められて岡田もムッとしている。「まずはお客さま対応を優先してくださいよ」と井上が割って入り、その場は何とか収まったようなので、井上はほっとして、ワインリストを持ってお客さまのテーブルに戻った。
　「お待たせしました」と井上がリストを差し出すと、「きょうのフェアのコースに合うワインなんてあるのかしら？」と尋ねられたので、好みを伺い数種類をおすすめする。
　すると、「あら、フェアはコースだけで、飲み物はいつもと同じなのね…。じゃ、

これをいただくわ」とおすすめしたなかからお客さまはひとつを指差した。
　一方、接待のご様子だったお客さまには、領収書をお届けした際に声をかけた。
井上「本日はいかがでしたか？」
常連客「料理はよかったわよ。でも椅子が破れていたわ。あと、何となくあれが見苦しいんじゃない？」
　明日の立食用に隅においたセッティングのほうを見ながらお客さまに言われたのだった。
　井上は、お見送りをしながら、「大変失礼をいたしました」とお詫びした。店も落ち着いてきたので、事務所に戻って売り上げのチェックをはじめたところ、飲料の売り上げが伸びていない。どうしてかな、と考えてみたが、はっきりとした原因は思い当たらず、「スタッフのおすすめ力の個人差か？　今度スタッフ別に見てみよう」とメモした。

●スタッフたちの悩み
　閉店後、井上は新人の加賀と食事に行くことにした。
井上「そろそろ慣れてきた？」
加賀「はい、岡田さんにもいろいろと教えていただいてますし…。ただ、早く一人前になりたいので自分でももっと勉強したいと思っていますが、どんなことをしたらよいでしょうか？」
　そう聞かれて井上は、「そうだな…覚えてほしいことはいっぱいあるけど、そんなに急がなくていいよ。岡田さんに聞いて、一つひとつ身につけていってよ」と答えた。なかなか熱心だなと加賀の態度に感心し、今後に期待できそうだと感じたのだった。
　その翌日、井上は開店前にスタッフ全員を集め、気になっている点について話をした。
「最近、ドリンクの売り上げが伸びていません。これから目標をお伝えしますから、各自達成できるようにがんばってください。よろしくお願いします。それから、昨日ディナーのお客さまから椅子が破れていると指摘を受けました。ランチの後に清掃をお願いした際、チェックしませんでしたか？　今後はきちんとしてくださいね」
＊
　この日のランチは大した問題もなく過ぎ、スタッフにも余裕がある様子が見て

とれた。昨日はバタバタしたけど、きょうは大丈夫そうだな、と井上は少しほっとしながら事務所へ向かい、月末が近いので業績の確認をした。
「バタバタしていたわりには人件費がかかってるな。このままでは目標達成は厳しいぞ。どうしてだろう？　もう少し人を減らさないとだめかな…。ドリンクだけでなく、その他の売り上げについても、少しはっぱをかけよう」
　そうつぶやいた井上に、「店長、お話があるんですが…」と村松が声をかけた。「大変申し訳ございませんが、辞めさせていただきたいと考えています」と言う村松の言葉に驚いた井上は、「一体どうして？」と話を聞き出そうとした。最初はなかなか理由を話そうとしなかったが、どうやら人間関係に悩んでいる様子がうかがえる。
「もう一度考えてみてくれないか、私もなんとかするから」と、いったん話を預かることにした。

●スタッフ育成とサービス向上の取り組み
　村松からの相談をきっかけに、井上は個別面談を行なった。回を重ねるうちに村松の本音を聞くこともできた。人間関係、仕事の忙しさ、売り上げの伸び悩みにモラール低下と、さまざまな悩みを抱えていた。ほかのスタッフも同じような意見を持っていることがわかり、井上は店長としてやるべきことがわかってきた気がした。
　その後の取り組みで、店の雰囲気は随分よくなった。村松は以前よりほかのスタッフと話すようになり、いまでは楽しそうに働いている。また、スタッフだけでなく、お客さまからの意見も積極的に聞くようにした結果、お客さまからの評価も上がり、リピーターも増えてきた気がしている。
　業績といった成果を出すことはもちろん、スタッフの育成や働きがいづくり、お客さまへのサービス向上…。「まだまだ、自分のやり方で見直すところはありそうだな」。井上は、取り組みの成果を実感しつつ、自らを見つめ直す決意をいまいちど新たにした。

解　題

　本ケースではレストランの店長を取り上げたが、接客型サービス業や小売業では、現場を日々、回していくにあたり、場当たり的で対症療法的な打ち手に終始し、またプレイングマネジャーも多いことから、いわゆるマネジメントが手薄になりがちである。

　マネジメント行動の基本は、P（Plan：計画）→D（Do：計画の実行）→C（Check：成果・進捗確認）→A（Action：改善・再計画）のサイクルを回すことであり、業績はもちろんのこと、接客型サービス業では人材、サービス、顧客に関するマネジメントが重要となる（図表6-1）。

業績のマネジメント

　店長にとって業績は特に関心を寄せる最重要事項である。しかしともすると、生じている事象を解決するための、その場限りの施策を繰り返しがちで、本ケースの井上店長にもそのような行動が見られる。

　一般的に業績目標は定量的に示される。店長としては、スタッフと目標を共有し、一人ひとりに落とし込めるかがポイントとなる。すなわちスタッフごとの個性や能力を踏まえて、店全体の目標に対する個別の役割や目標を設定するのだ。そのため全員に一律に同じ話をしているだけでは、成果はなかなかあがらない。目標達成できるようにフォローすることも重要であり、プ

図表6-1◆接客型サービス業の重点マネジメント領域

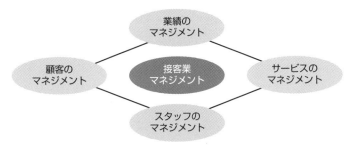

レーヤーとして現場に出るだけでなく、スタッフの仕事の場面を観察してアドバイスすることが求められる。

　サービス業は製造業に比べて勘や経験でマネジメントされ、科学的なアプローチが苦手といわれているが、業績不振の打開策は観測・測定などの事実確認や原因分析をきちんと行なうことがポイントとなる。

スタッフのマネジメント

　接客型サービス業では、スタッフも価値の一部であり、人材育成や動機づけ、要員配置といった「人」に関するマネジメントはとりわけ重要である。

　スタッフのマネジメントにあたっては、まずは標準的な育成プランが求められる。新人はどのくらいの期間で何ができるようになっていなければならないのか、そのためにだれが、どのようなツールを使ってどう指導するのか、教えたことができるようになったかをどうチェックするのか、などについてのPDCAが必要であり、それはサービス業で多数を占めるパートやアルバイトであっても同様である。また、サービスの現場では空き時間が少なく、シフトなどもあり、集合教育がむずかしい。OJTと称してはいても、日々バタ

図表6-2◆指導内容とタイミング

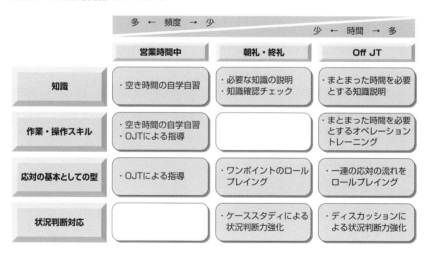

図表6-3◆スタッフマネジメントにおける店長の役割

バタして何もできていないという状況からは脱却しなくてはならない。時間の使い方もポイントとなってくる（図表6-2）。

　人への依存度が高いサービス業では、モチベーションマネジメントも欠かせない。スタッフ一人ひとりにとって何がやる気の源泉となるのか、それを仕事のなかでどのように発揮せしめるのか。さらに面談という場づくりやコーチング・カウンセリング的なスキルも店長には求められる。井上は指導計画も指導場面の観測もスタッフとのコミュニケーションも不足していたといえる。

　人づくりや職場風土づくりにおいて、店長は図表6-3にあるような5つの役割を担っているのである。

サービスのマネジメント

　サービス提供という価値が持つ特性からも、その品質管理的なマネジメントのポイントが見えてくる（図表6-4）。

　前述の人材育成とも絡んでくるが、ホールスタッフの会話力や商品をおすすめする力は測定しづらい。また、そういったサービスは消えてなくなるので品質管理や点検もむずかしい。そこで、サービスを点検する現場での仕組みや、それをお客さまの評価や声で振り返るマネジメントが必要となるのだ。あわせて、接客スキルをチェックするようなテストやコンテストといった仕掛けを取り入れると効果的である。

　たとえばオーダーミスのクレームは、聞いた、聞いていないになりがちである。これをどう減らしていくのか。飲料をおすすめする力をどう測り、高

図表6-4◆サービスマネジメントのポイント

サービスの特性	マネジメントのむずかしさ
形がない	・測定や検査がむずかしい ・不具合再現がむずかしい
生産と消費が同時	・検品など事前確認がむずかしい ・不具合の後処理がむずかしい ・その場の影響を受けやすい
人に依存	・ばらつきが生じやすく品質の安定がむずかしい
プロセスも商品	・結果としての価値だけでなく提供過程も商品となることがある
所有権の移行がない	・「モノ」は所有権そのものが移行するが「サービス」は求める価値のみを得るのでプロレベルが必要
顧客がサービスの一部	・雰囲気などサービスの一部を負う ・顧客と共同で作り上げるものがある

サービスマネジメントのポイント	
顧客期待や評価の把握	顧客の事前期待や主観的な評価が改善や品質管理上不可欠となるので、それらを把握する仕組みが必要となる
業務の見える化	目に見えづらいため、まず業務内容とその水準、そしてその目標を見える化する
日常業務への落とし込み	日常業務のなかでどのように取り組むのかを綿密に計画する
業務水準管理方法の確立	サービスの点検、技術テストなどサービス特性を踏まえた業務水準管理方法を確立する
人材育成	サービスにおいて重要な役割を担うサービス提供者のスキルアップを行なう仕組みを持つ

めていくのか。井上は、お客さまの評価や声の重要性には気づいたので、それをどのように行動に反映させられるか、今後の活用が課題といえる。

　サービスマネジメントでは、めざす水準の設定も重要である。料理の提供時間やお客さまに呼ばれてから行く回数など、どの程度のサービスレベルをめざすのかを具体的に設定し、その実現のためのPDCAを回すのだ。井上にはこの考え方や行動は見られなかった。

顧客のマネジメント

　リピーターづくりが持続成長を左右するサービス業では、CS（顧客満足）向上とともに顧客管理が重要なカギとなる。

　既存顧客との関係強化により安定した収益基盤の確立をめざすCRM（Customer Relationship Management）と呼ばれる経営手法は、業績貢献度合いで顧客をセグメントし、優良顧客比率を高めていくことをめざすものである。

　優良顧客＝長期継続利用×高額・高頻度利用とすると、優良顧客比率を上げるためには、①優良顧客の囲い込み　②優良顧客づくりの2つが必須の課

図表6-5◆顧客マネジメントの課題

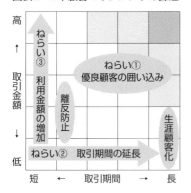

題となる。すなわち、優良顧客を図表6-5の右上のゾーンとすると、その比率を高めていくために次の3つの施策を行なう。

①優良顧客の囲い込み…ポイントや割引などの優遇策や、顔や名前、好みを覚えてハイタッチなサービスを提供する

②取引期間の延長…複数年契約による割引やポイント付与など、長期継続取引を促す

③利用金額の増加…周辺サービスや商品を購入してもらうクロスセル、単価の高いものを購入してもらうアップセルなどの施策がある

　今日、優良顧客に対してポイントや割引といった金銭的なメリットを提供する取り組みが多くみられるが、システム的な意味合いでの顧客データ管理ではなく、常連客の好みを把握してサービスを提供するといった、お客さまへのハイタッチなサービスができるようになることが、サービス業では重要である。

＊

　スタッフとしてはハイパフォーマーでも、店長になった途端に力を発揮できなくなる人がいる。その多くが、マネジメントができていないことによるものである。井上が、スタッフの退職相談をきっかけにマネジメントの重要性に気づくことができたように、本ケースを活かして先手を打って対処したい。

（渡邉　聡）

7. 「お客さまの声」の活用

ナレッジ活用

設　問

お客さまの声を活用する方策を考えてみましょう。

● **ねらい**　「お客さまの声は宝の山」だと言われるが、あまり活用されていないのが実情である。住宅メーカーを例に、寄せられたお客さまの声を収集・記録する部門と活用する部門のポイントを明らかにする。

ケース

● **主な登場人物**

松岡課長：大手住宅メーカーマーケティング部課長、35歳。入社以来、開発部で住宅の商品開発に携わってきたが、この春から畑違いのマーケティング部に課長として異動。不安を感じながらも上司である望月部長の支援を受けながらお客さまの声活用の課題を浮き彫りにしていく。

望月部長：マーケティング部長、50歳。松岡の上司。マーケティングを「畑違い」と思っている松岡に、その原点である「お客さま」に目を向けてもらうために、お客さまの声活用の課題というテーマを与え支援していく。

織田室長：お客さま相談室長、40歳。日々、お客さまからの苦情や意見にさらされる部署にあって、対応に追われている。しかし、お客さま対応の最

前線としていかにお客さまの声を役立つものにするか、問題意識を持って松岡課長とともに検討を進めていく。
奈良相談員：お客さま相談室相談員、28歳。織田の部下。お客さま対応が主たる業務であり、声の記録にはあまり問題意識を持っていなかったが、松岡や織田との意見交換をきっかけにお客さまの声の持つ価値や相談員の役割にも気づきはじめる。
伊達係長：開発部係長、35歳。松岡の同期で開発部の元同僚。過去にお客さまの声の活用を開発部内で試みた経験から、「声は役に立たない」とネガティブな印象を抱いている。

● マーケティング部での初仕事
「マーケティング部ってのは一体どういうことをする部署なんだか、わかったようなわからんような。畑違いで不安だな。しかし、何事も熱意を持ってやれば成果が出せるはずだ」
　慣れ親しんだ開発部門から畑違いのマーケティング部に課長として配属された松岡は、その初日を不安と期待とともに迎えていた。
　着任のあいさつもそこそこに早速、部長の望月に呼ばれた松岡は、部長からマーケティング部の使命と松岡の役割について説明された。
「マーケティングっていうのは幅広いし、つかみどころがないものだが、要するに、お客さまとわが社の関係を強め、新しいお客さまを増やすこと、これに尽きる。自動車も新しい技術が生み出されているが結局はお客さまや世の中のためにならなければ意味がない…」。望月は続けて「そして、お客さまのためにどういう開発をしたり、サービスを考えればよいか、そのネタはお客さまの声のなかにあるはずなんだ。開発部門にいた松岡君も何かしら、お客さまの声を参考にしたことがあると思う」
　松岡は「なるほど、マーケティングというのはそういうことか。簡潔でわかりやすいな。しかし、お客さまやその声については、開発に携わっていたとはいえ、自分で考えたことはなかったな」と思いながら望月の話を聞いていた。
「さて、松岡君。きみの最初の仕事を伝えることにしよう。マーケティング部はさまざまな役割を担っているが、きみには、お客さまの声をいかに開発に活かすか、を軸に考えて取り組んでもらいたい。1ヵ月ぐらい時間をあげるから、わが社ではお客さまの声を開発にどう活かしているか、今後さらに活かしていくための課

題を検討して報告してくれ」

　松岡は、「はい！　わかりました。がんばります！」と宣言したものの、どこから手をつけたらよいのか、よくわからなかった。そこで、まずは古巣である開発部門ではお客さまの声をどう活用しているかを調べにいくことにした。

●開発部門へのヒアリング

　開発部門のある仙台へ新幹線で移動しながら、「開発部門にいるころは、お客さまの声そのものをちゃんと読んだことはなかったな。しかし、まあ、だれかがお客さまの声を読んで、参考にしていたんだろうな。そのあたり、現場の連中に素直に聞いてみるか」と考えを巡らせていた。

　松岡は到着してすぐ、同期の伊達係長のところに向かった。彼は以前、部内でお客さまの声の活用に取り組んだ際のメンバーの一人だったからだ。
「よう、伊達！　ちょっと話を聞かせてくれよ」
「松岡じゃないか！　おまえ、使い物にならなくて追い返されてきたのか？」
　同期の伊達とは話がしやすく、松岡はすぐ本題に入った。
「いや、実はさ、異動先のマーケティング部で早速宿題が出て、相談に乗ってほしいんだ。一言で言うと、お客さまの声を開発に活かせ！　っていう指示なんだけど、俺自身はお客さまの声って具体的に読んだり活用したっていう記憶はあんまりないんだよ。そのあたり、確か伊達も含めて開発部として検討してた記憶があるんだけど、実際のところ、お客さまの声ってどう活用してたんだ？」とストレートに質問をぶつけてみた。
「へぇ、そんなことやらされてるのか。しかし、そりゃ無駄じゃないかな」
　以前から伊達は問題意識が高いというか文句を言うタイプではあったが、「無駄」とはどういうことだろう、と松岡は詳しい説明を求めた。
「だってさ、結局、お客さまの声なんて何を言っているのかがわからないものも多いし、要望にしても意見にしても、そんなの少数意見だろうなっていう声が多いわけ。だから、お、これは何かヒントになるかも、って思ったとしても、部長から、それは何人の声なんだって言われたら、それで終わりだしな」
　そこで松岡は「しかし、お客さまの声がいくらなんでもそんなに使えないことあるのか？　どんな声が使えないっていうんだ。何か例があるだろうから、見せてくれよ」と問い詰めた。
　伊達は「お客さま相談室が電話で受けたお客さまの声なんだが、最近の例はこ

図表7-1 ◆不満の声

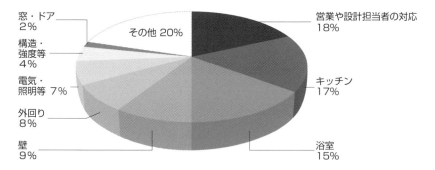

れだ」と、以下を見せてくれた。

例1：「流行ですから」という説明を信じてキッチンを対面式にしたが、失敗だと感じて後悔しておられるとのこと。営業担当・設計担当に謝罪するよう内部手配しました［男性・40代］

例2：防音性に優れるという触れ込みだったが2階からの音が響きやすく残念であるとのご意見［女性・30代］

「こんな感じさ。だからどうすればいいのっていうのがイマイチわからないだろ。なんか、文句ばっかり！ っていう印象で、励みにもならないしさ」と愚痴を口にする伊達に、松岡も「うーん、確かに参考にできるような、できないような…」と考え込んでしまった。

「松岡さ、おまえだって開発やってたんだから、これじゃ参考にならないってことはわかるだろ。ほかにもさ、こういうデータも送られてくるんだけど、どう活用できるっていうんだよ」と伊達は1枚のグラフを出して松岡に見せた（図表7-1）。「うーん」と松岡は考え込んでしまった。「確かに、これ見せられてもなぁ。伊達、わかったよ、お客さまの声に価値がないとは思わないが、少なくともいまのままでは、活用なんてむずかしいよな。一度、お客さま相談室に行って意見交換してくるよ」と、松岡は伊達に礼を言って仙台をあとにした。

●お客さま相談室へのヒアリング

　開発部門での実情をもとに松岡はお客さま相談室を訪れた。ここは、お客さまの声を記録し、開発部門などに提供している部門だ。室長の織田と担当者の奈良に、

開発部門の伊達から入手したお客さまの声の例やデータを見せ、「室長、開発部門では、こういう声の記録ではなかなか活用できないという意見があります。確かに私も開発業務をしていた観点から見ると、こういった記録やデータではヒントにならないのではないか、という実感があります」と切り出した。

２つのお客さまの声とデータをしばらく見ていた織田は、「なるほど。これでは確かに開発部門のお役には立てないですね。お客さまの声にはアンケートで寄せられるものもありますが、お客さま相談室が直接、会話することで得られるよさが活かされていません」と率直に認め、続けて「相談員の立場としては、お客さまの声をどのように記録しようとしているんだい？」と、相談員の奈良に問いかけた。

「どのように…ですか。うーん正直なところ、記録するようにとしか言われていないので、とにかく記録することを意識している、というのが実情です。シンプルに、だれがどういうことを言っていた、と記録しているつもりですが、寄せられた情報の活用を意識しているかといえば、できていないですね」

「でも開発部門に提供する声は相談員が選んでいるので、きっと相談員たちは何かヒントになると思ったから、開発部門に提供したはずです」と奈良が続けた。

この発言を受けて、松岡は「それじゃあ、具体的にこの２つのお客さまの声について、実際に相談対応した方に話を聞いて、お客さまとのやりとりをより詳しく再現してみよう」と持ちかけた。室長の織田も「相談室はクレームが非常に多いので、その対応に追われていて前向きな活用については私も的確に指示できていませんでした。これをよい機会としてお客さまの声がうまく活用されるよう取り組んでみましょう」と前向きな支援を約束した。

例にあるお客さまの声については、実際に対応にあたった相談員にヒアリングしたところ、詳しくは以下のような内容であることがわかった。

例１：ご相談者のご両親（ご高齢）のためにリフォームした際、営業担当者や設計担当者から対面式のキッチンにするメリットを聞かされ決めた。しかし、実際に両親だけで暮らしてみると、コンロで吹きこぼれそうになっていても、カウンターを回り込んで行かねば止められず間に合わないことが多い。また、コンロが奥にあるため、耳が遠くなりかけている両親には吹きこぼれる音が聞こえにくいとのこと。

例２：防音には自信があるとのうたい文句で、確かに話し声は聞こえにくいが、２階が子ども部屋のため、子どもたちの足音や椅子を動かす音などは前の家よ

りも響いてうるさく感じるとのこと。
　これを見た松岡は、これなら開発者として使えると思ったのである。
「これなら使えますよ！　だって対面式キッチンの件は確かに営業の提案も筋がよくないけれど、高齢者向けのキッチンのあり方についていろいろなヒントがありますよ。たとえば、コンロの位置ですよね。通常は奥だけれども、動線を考えて変更できるような商品開発も可能だと思います。となると、コンロに限らずシンクの位置や収納の位置も、これまでは高齢者目線ではつくっていなかった。うーん、よいじゃないですか、こういう声なら役立ちますよ！」。松岡はお客さま相談室の織田、相談員の奈良に勢い込んで話した。
　織田も奈良も「なるほど、だれが、どういうときに、どう困ったのかといった点をしっかり伝えることが重要なんですね」と納得顔である。
　例２についても「この音が響く件も、空気中の音の振動と、床や構造物の振動の仕方ではメカニズムが違うんです。そこに着目した改良をしないといけないのかもしれない！　そういうヒントがありますね！　早く開発のメンバーに伝えたいな」と松岡は意気込んで説明した。
　奈良は「この対応をした相談員も、なんとなく音と振動って何か意味があるのかなと疑問に感じたそうですが、素人の自分が余計なことを書かないほうがいいと思ったそうです」と何かに気づいた様子で、松岡はお客さまの声を活用することのポイントがなんとなく見えてきた気がして、さらに開発部門や相談員らとディスカッションを重ねた。

●お客さまの姿をどうとらえるか
　いくつかのポイントが見えてきた松岡は、途中経過報告のために部長の望月に時間をとってもらった。
「部長、いくつか課題が見えてきました。まずはお客さまの声といっても、どう引き出して記録するかで、ヒントになるか、ならないかが大きく変わるんです。言われたことを断片的に書いていては、ヒントにならないんです」と切り出した。例を見せられた部長も興味を持ったようで話の続きを促した。「それに、データにしようとするあまり要約しすぎて、こんな声が何件、何％とまとめてしまうと、一気に役に立たなくなるんです。やはりお客さまの声は生のまま読まないと使えないと思います」。
　勢いよく話す松岡に、部長は「なるほどな。しかし、開発など活用する側は数

にこだわるんじゃないか？　たった一人の声でも活用しようと思うものだろうか？」と投げかけた。松岡も「ええ、その意識を変える必要がありそうです。声の記録の仕方をよくしていくことも大事なんですが、活用する側の意識や見方の変革も大事だと思います。私自身は、開発のヒントにさえなれば数は必要ないのではないかと思います。数ではなくて、一人の声でもよいから、その声の背景にあるお客さまの姿をどうとらえるか、に関心を寄せないと、結局はお客さまの声も役立たないのだと思います。このあたりは、もう少しいろいろな人の意見を聞いてみます」と応じた。

　望月はおよその方向性は合っているということで、より突っ込んだ検討を指示し、加えて「松岡君、いま紹介してもらったお客さまの声だが、どれも不満や苦情だよね、もっとお褒めの言葉とか喜びの声はないのだろうか。わが社はお客さまに喜ばれていると思っているが、何が喜ばれるポイントかが声からわかれば、より一層活用ができるのではないだろうか」と指摘した。

「確かに開発のころ、一番励みになったのはお客さまの喜びの声でした。開発の伊達もお客さまから苦情ばかり言われているようで、素直にお客さまの声と向き合えないのかもしれません」。そう気づいた松岡は、この点も課題に加えなければと考えながら、さらなる実態調べや検討に向かうことにした。

解　題

　本ケースは、一般に「お客さまの声活用」「VOC（Voice of Customer）活用」として取り組まれている事例である。「お客さまの声は宝の山」と言われてはいるが、なかなか十分に活用しきれていないのが実情である。声活用の入り口に立つために、基礎的なポイントを知り、「声の持つ価値」を最大限引き出すよう活用していきたい。

　そのためには、お客さまの声を的確に記録すること（インプット）や、お客さまの声が出てきた背景も含めて考え抜くこと（プロセシング）、そしてお客さまに提供できる形に変える（アウトプット）ことが必要不可欠である。これらについて本ケースの内容を踏まえて解説しよう。

お客さまの声活用のポイント

　お客さまの声活用は以下の3つのプロセスに分けてとらえる必要がある。
1. インプット…声のキャッチ・記録など、お客さまの声を組織内に取り込み蓄積するプロセス
2. プロセシング…声の加工、問題点やヒントの抽出、分類・整理、活用に向けた準備や下ごしらえをするプロセス
3. アウトプット…声をどのように活用するかを決定する、最終のプロセス

　これらのプロセスにもとづき本ケースを振り返ったうえで、どうすればお客さまの声を活かすことができるのかを考えたい。

1◆インプット

　松岡は開発部門の伊達に「お客さまの声は活用しにくい」と言われ、声のインプット元であるお客さま相談室に向かった。相談員であり声を記録する側の奈良の発言からわかったことは、お客さま相談室では「記録する際に特に意識していることはない」「活用するということを意識できていない」点である。つまり、活用することを目的に記録できていなかったのである。

　また、お客さまの声として2つの例があげられているが、どちらも要約されたものであり、そこからヒントを得ることはむずかしい。つまり、お客さ

まの声は、そのまま記録されると長くなり読むことがむずかしくなるが、要約しすぎたり、要点を間違えて要約してしまうと、まったく価値がなくなってしまうのだ。

そこで松岡は、オリジナルの声がどのようなものだったのか、当時の対応を相談室の協力を得て掘り起こし、お客さまの声の見直し版を作成した。すると、開発者の視点で声に向き合った松岡には、隠れていたヒントがいくつも見えてきた。見直し前には垣間見ることのできなかった「だれが、どのような困り事を抱えているか」が、見直し版には多数見出されたのである。

ここから、インプットの段階では、要約しすぎることなく、お客さまの問題や期待が生々しく想起できるように記録することが重要なことがわかる。

2◆プロセシング

松岡は相談室で「見直し後」の声から貴重なヒントを得ることができた。すなわち、例1の「対面式キッチン」からは、高齢のお客さまが使うキッチンとはどうあるべきかのヒントが得られた。例2の「2階からの音が響く件」では、空気中を伝わる音と床などを伝わる振動の違いに注目できている。これがまさにプロセシングである。

要約されたお客さまの声の「質」が、見直しにより高まったとはいえ、このような気づきに至るポイントはなんだろうか。今回の場合、松岡が元開発者であったことが非常に重要だったといえる。しっかり記録・表現された声をプロの視点で読むことで、気づきが多くなるのだ。

それではプロセシング、すなわち声を読むのは活用側のプロでなければならないのだろうか。プロであっても視野が狭ければ気づきも広がらない可能性がある。また営業や現場で設計・施工にかかわる担当者なら、別な気づきを得たかもしれない。

プロセシングにおいて重要なのは、お客さまの声そのものを問題や対策として置き換えるのではなく、声の背景にある本質的な期待を読み取ることである。例1では、高齢者は耳が遠くなるなどにより、吹きこぼれに気づきにくくなる、気づいてもコンロのところに行くまでにやや時間がかかる、と気づけるかどうか、例2は、生活のなかで声と振動は別物であり、両方とも大事だという点に気づけるかどうかが重要である。

このように「だれの」「どのような」期待なのか、そしてそれはどのような「生活」から発せられたのか。そこに気づく力を「読み手」は高めていく必要がある。

3◆アウトプット

　本ケースでは、開発部門は「寄せられた声から得られた課題」には到達していないが、大事なプロセスなので解説する。

　アウトプットは声の活用のゴールにあたるもので、優れたインプットもすばらしいプロセシングも、アウトプットにつながらなければ意味がない。すなわち例1の「対面式キッチン」で松岡はヒントや着想を得ているが、それが最終的に「コンロの位置を見直した」商品の開発などに反映されなければ意味がないのだ。例2も、「より振動が伝わらない床」などの開発につながらなければ、声が活かされたことにはならない。

　つまり組織としての「答え」を出すことにつなげられなければ、声は活かされないため、これが最大の難関となる。本ケースのなかで開発部門の伊達が「何人の声かを部長が気にする」と述べているように、得られたヒントや着想を具体化していくかを、寄せられた「数」で判断しようとする傾向は、多くの企業や組織で見受けられる。しかし現実的には、先駆的な意見ほど、その数は少なく、結果として目新しいヒントや着想ほど数値では価値を示せないことになる。

　この思考習慣を変えることは容易ではなく、「価値ある一言」を重視する姿勢や仕組みをつくり上げていくほかに特効薬はない。先進的な製品開発やサービス開発を実現している企業の多くは、この問題をトップダウンもしくは独自の開発ルールや文化を形成することで解決につなげている。

寄せられた声の記録法と情報の読み取り方

　以下ではまとめとして、ケースから得られた学びも含めて、お客さまの声活用のあり方を改めて考えたい。

1◆インプット

　直接対話を通じて記録する際は、

◆ 言われたことだけ記録するのではなく、聞き出す（インタビュー）

- ◆ 要約しすぎず、生々しく記録する
- ◆ 自分自身の気づきもメモする

アンケートへの記入を通じて情報を得るときは、
- ◆ 満足度合いだけでなく、理由や背景を記述する欄を設ける
- ◆ 「体験」を記入してもらうことでお客さまの負荷を減らす

などを担当者間で共有する。

2◆プロセシング

　だれの声か、どのような困り事あるいは期待が背景にあるかを読み取るためには、以下の点を聞き出す。
- ◆ 性別、年齢、利用頻度などの属性
- ◆ どういう状況にあるお客さまか（ライフステージ～その時の状況）
- ◆ お客さまにとっての具体的な出来事
- ◆ 背景にある本質的期待
- ◆ さらにその背景にある生活そのもののあり方

3◆アウトプット

　寄せられた情報から何らかのアウトプットを導き出すのは、商品開発部をはじめとするプロの役割であり、「素人」であるお客さまに答えを求めてはならない。また、「数」に対する偏重をやめ、価値ある一言を重視することが不可欠である。もしお客さまから多くの声があがるとすれば、それはすでに手遅れの事態となっていることも考えられる。少数の声にこそ先駆的な示唆が隠れている可能性がある。

　それを見出すには、
- ◆ 意思決定におけるトップダウンの仕組みづくり
- ◆ お客さまの声にもとづく開発・改良の検討プロセス構築と判断基準の明確化

といった仕組みまで踏み込んだ見直しが必要である。

〔江渡康裕〕

クレーム対応

8. クレーム対応の原則構築

設　問

お客さま（伊東）との対応で失敗した原因を考えてください。

● **ねらい**　クレーム対応については多くの企業で「お客さまの立場に立って誠心誠意対応する」ことを方針としているが、昨今は、お客さまとしての権利を過剰に要求する「モンスタークレーマー」や、企業側に非がないにもかかわらず理不尽な要求をしてくるケースも増えていることから、企業として確立・整備すべき事柄を明らかにする。

ケース

● **主な登場人物**

宝田室長：大手製菓メーカー（大日本製菓）お客さま相談室長、50歳。長年、営業部門で活躍し、昨年度よりお客さま相談室長。人当たりがよく、お客さまとの関係づくりがうまいことから、クレームへの上手な対応を期待され着任したものの、勝手が違い、いまだ戸惑っている。

鈴　木：営業部門営業担当者、クレーム一次対応担当、28歳。クレーム対応は経験が少ないものの、これまでは誠心誠意、謝罪すれば納得してもらえたため、自分ではクレーム対応が上手だと思っている。

伊　東：クレームを言うお客さま、45歳。最初はものわかりのよいお客さまを装っているが、2度目、3度目のクレームで本性を表わす、クレームが趣

味の困ったお客さま。
宮　　本：クレーム解決コンサルタント、40歳。お客さまからの言いがかり的なクレームから、企業側に責任があるトラブルまで、明確な方針を企業と共有しつつ、解決を支援している。

●クレーム対応におけるお客さま相談室と営業担当者の役割

　大日本製菓は国内有数の菓子メーカーであり、さまざまな商品を百貨店、スーパー、駅の売店などを通じて世に送り出している。食品メーカーという性質上、商品の安全性には非常に配慮して事業・業務運営を行なっており、誠実、安心・安全といった企業イメージが定着している。

　お客さま（最終消費者、生活者）からのクレームに対しては、本来であれば本社にあるお客さま相談室から相談員が出向くべきだが、日本全国への移動効率などから、まずは素早い対応ができる各地の営業担当者が一次対応を担っている。営業担当者は通常、スーパーなどの小売や問屋・卸などの流通企業を相手に活動しており、お客さまからのクレーム対応は稀な仕事であることから経験も少なく、早く片づけてしまいたい、いやな業務という意識が働く傾向にある。

●異物混入クレームの入電

　ある日、伊東と名乗るお客さまから、お客さま相談室に電話が入った。「おたくの『四季の菓子詰め合わせ』を買ったんだが、中にどうも異物のようなものが入っていたんだよ。食べてはいないんだが、ちょっと来てくれるか」とのご要望。相談室の対応手順に従い「それでは、近隣の営業所から営業担当者を向かわせます」と回答し、営業担当者の鈴木が伊東様宅に向かった。

　伊東様宅に到着後、鈴木が「このたびは弊社の商品でご迷惑、ご心配をおかけしまして大変申し訳ありませんでした。しっかりと責任ある対応をいたします」と告げると、伊東は「うんうん、まあそういうこともあるよね。今回は食べていないし、大事には至らなかったからいいんだけどね」と応答した。安心した鈴木が「ご理解いただきましてありがとうございます。商品の代金1000円をお返しいたしますので、ご容赦いただけますでしょうか」と打診したところ、伊東は「うん、それでいいよ」と納得した。

　ここまでは順調だったのだが、鈴木が「それでは商品の現物か領収書・レシートなどお預かりできますか」と求めると、伊東は「いやー、気味が悪いのですべ

て捨ててしまって、もう手元にはないんだよ。急いでいたからレシートももらわなかったし」と言い出した。そこで鈴木が「現物かレシート、もしくは包装紙など何か残っていませんか」と問いかけたところ、伊東はちょっとムッとした表情で「なに？ 信用できないわけ？」と怒った様子を見せた。

鈴木は内心、現物がないんじゃまずいと思ったものの、まあでも1000円程度だし、会議費かなんかで落とせるし、ここでもめても面倒だから、と思い直し、「いえいえ、疑うなどということはございません。伊東様にはご迷惑もおかけしましたので1000円お支払いいたします」と、封筒に1000円を入れてお渡しした。伊東からは領収書に署名・押印をもらい、改めて謝罪し、これで対応完了とした。

この結果を営業所長に報告したところ、「現物かレシートがないのはまずいだろう。今度からは、ちゃんと確認してから対応しろよ」と叱られてしまった。そこで鈴木は、念のため改めて伊東様宅に電話をし、重ねてお詫びをするとともに「本来は現物かレシートなどが必要でしたので、万一同じような問題がありましたら、できるだけ保存しておいてください」と告げ、伊東も「わかったわかった。同じことがあっては困るけどね」と明るく電話を切ってくれた。鈴木はホッとしながらも、今後は注意しなければなと反省した。

●同一人物からの2度目の弁償要求
　そんなクレーム対応から2週間後、再び伊東からお客さま相談室に電話が入った。「おい、2週間前にも同じクレームで電話したが、また、同じ商品に同じような異物が入っていたぞ！　どうしてくれるんだ！　また営業担当者をよこしたまえ！」と今度は、かなりお怒りである。前回の対応についてまだ報告を受けていなかった相談室は、状況がわからないまま、とにかく迅速対応とばかりに営業担当者の鈴木に再度、伊東様宅を訪問するよう指示した。

指示を受けた鈴木はいやな予感を覚えながら伊東様宅に向かった。伊東は「やあ鈴木さん。2週間ぶりですね。いやな用事ですみませんね、いつも」と穏やかな様子に少し安心した鈴木だが、伊東の次の言葉に驚かされた。

「いやぁ鈴木さん、今回もね、『四季の菓子詰め合わせ』なんだけどね、今回は20箱なんですよ、20箱。鈴木さんの対応が良かったからファンになっちゃって、友人にあげようと思って大量に買ったんですよ。ところがね、自宅用に買ったものから前回と同じ異物が出てきましてね。もうびっくりするやら腹立たしいやらで、家内も怒っちゃってね。申し訳ないけど20箱分、弁償してくれますよね？」

鈴木は20箱という数に驚きながらも「伊東様、大変ご心配をおかけしました。責任ある対応をと考えます。異物ということですが、どのようなものかお見せいただけますでしょうか」とお願いした。しかし伊東は「いやいや前回もそうだったんですが、気味が悪いし、家内も怒っちゃって、すぐに全部捨てちゃったんですよ。人様に差し上げるのにこれじゃあ無理ですね。なので何もないんですよ」と言う。あわてた鈴木は「ではレシートや包装紙などはございますか？」と尋ねたが、伊東は落ち着いて「はい、前回同様、何にもありませんよ」とのこと。鈴木は意を決して「伊東様、それではさすがに返金など致しかねます。前回お電話で現物などを保管してくださいとお願いいたしましたので」と告げた。すると伊東は表情を一気に変えて怒り出した。
　「なんだと？　おい。疑ってるのか？　何様のつもりだ！　こちらは被害者だぞ、お客さまだぞ！　大日本製菓は客を疑うのか？　前回も、現物も何も残っていなかったが金を返してくれたよな？　現物などの保管？　それもあんたは、できるだけって言ったよな？　実はさ、ちゃんと録音してあるんだよね。企業って信用できないからさ。いまさら言ったことは変えられないよ。20箱だろうがこちらとしては金は払ってもらうよ。前回はできて、今回はできないなんて、筋が通らない対応はしないよね。鈴木さんよ」
　鈴木はあまりの伊東の変化に驚きながらも、前回と今回は数が違うだけで何も違わないこと、現物などの保管については確かに「できるだけ」と言ってしまったことなどから、言い返せなくなり、「私の一存では回答できないので、後日、ご回答にお伺いします」と逃げるように立ち去るのが精一杯だった。

●間違った対応でこじれた問題を収束させる
　あわてて営業所に帰り営業所長に報告したところ、営業所長は「うーん、やられたな。1回目からねらっていたんだろうな。理屈ではお客さまの言うことも筋が通っているようだし、前回認めたことを今回は認めないという理屈は立たないな。これは本社のお客さま相談室に連絡しよう」ということになった。知らせを受けた相談室長の宝田は、なんとお粗末な対応かと残念に思う一方、クレーム対応の原則や方針を営業担当者に指導・展開してこなかったことが問題であると反省した。しかし反省しても目の前のクレームが解決するわけではなく、今回のような手慣れたクレーマーへの対処は相談員としてもむずかしいと感じていた。
　そこで宝田は、最近知り合う機会のあったクレーム解決コンサルタントの宮本

に相談し、対策を練った。宮本は鈴木から状況を詳しく聞く一方で、宝田に対して「そもそも、1回目のケースで現物も何もないお客さまを信用して対応するか、お断わりするか、企業としての姿勢はどちらですか？」と問うた。宝田は「いやぁ、その点がまさに曖昧で、方針が定まっていないんです。一般的にはどうすべきですか？」とアドバイスを求めた。宮本はにこりと「では、私が相談員ということで、この件に幕引きしてきます。一緒に行きましょう。現地ではすべて私に任せて、みなさんは『ご心配をおかけして申し訳ない』と『企業として責任ある対応をする』とだけ言ってください」と言い、営業担当の鈴木、相談室長の宝田、相談員という設定の宮本の3名で伊東様宅を訪れることになった。

　伊東様宅にて改めて経緯を確認した後、宮本から切り出した。
「伊東様、今回の件、ご心配をおかけしたことは謝罪いたします。しかし現物がない状態では企業として責任ある対応をとることはできません。当然ながら返金もお断わりします」
　これを聞いた伊東は「なに！　前回は返金して今回はなぜできない。状況は同じだろう。なぜ断わるんだ！」と激高した。しかし宮本は落ち着いて「あくまでも弊社として本来あるべき責任ある対応は、現物を確認し、その状況を調査したうえで返金させていただくというものですが、前回は間違った対応を鈴木がいたしました。間違っている以上、同じ過ちを繰り返すわけには参りません。ですので、今回は現物がない限り、返金や交換などは一切いたしません」ときっぱり伝えた。伊東は「前回と今回が違うのは理屈が通らない、理不尽だ！」と粘るが、宮本は「なんとおっしゃっても、間違った対応を繰り返すわけには参りません。今回の対応は以上とさせていただきます。失礼いたします」とあっけにとられる伊東を残し、宝田室長、営業担当者の鈴木とともにさっさと退出してしまった。

●リスク管理の視点
　伊東様宅からの帰路、宝田は「いやぁ、スカッとしましたよ。やはり理不尽な要求には応えるべきではありませんよね」と感心しきりである。宮本は「宝田さん、本来はこうなる前に防げているはずの事態ですよね。営業担当者の鈴木さんはクレーム対応の方針や手順をしっかり理解していなかったわけですが、これは鈴木さんの問題ではなく組織として、会社としての問題ですよ。さあ、本社に帰って、どういう課題が見つかったのか検討しましょう」と指摘し、本来であれば確立されているべき事項があることを示したのである。

解　題

　クレーム対応については多くの企業で「お客さまの立場に立って、誠心誠意対応する」ことを方針としている。それ自体に誤りはないが、「お客さま」についてどうとらえるのか、また「誠心誠意」とはどのような判断でどのように行動すべきことなのか、具体的に示されルールや仕組みとして確立されていなければ、実際のクレーム対応はうまくいかない。

　本ケースは、いわゆるクレーム対応には2つの側面があることを物語っている。一つが、CS（お客さま満足）である。企業がお客さまの期待を裏切った結果としてクレームをいただくことはあり、その対応ひとつで、不満を増幅させるのか、ひとまず不満を解消できてさらには満足レベルまで持ち直せるのかが左右される。もう一つが、リスクへの対処の観点である。クレーム対応はCS的な視点だけでは成り立たない。残念ながらこのケースの伊東のように悪質なお客さまも存在するからである。

　そこで、この両面から、どのような対応をすべきだったのか、ケースおよび解説を通じて考えていきたい。

クレーム対応における「3つのル」

　クレーム対応を万全にするための要素には、「ルール」「ツール」「スキル」の3つがあり、各要素の末尾をとって「3つのル」と呼んでいる（図表8-1）。

1◆ルール

　クレーム対応にあたっては、どのような場合に、企業としてどのように対処するのか、その明確なルールと判断基準がなければ、本来の正しい行動がとれず、対応が破綻してしまう。営業担当者の鈴木は自社のクレーム対応ルールを確認しないまま伊東様宅に出向き、間違ったリスクのある言動をとってしまった。

2◆ツール

　伊東からの1回目のクレームで間違った対応をしてしまったわけだが、2回目の電話がかかってくるまで2週間もありながら、本社のお客さま相談室

図表8-1◆クレーム対応の「3つのル」

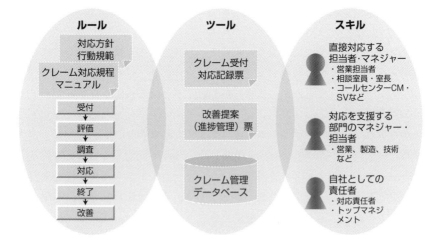

は1回目のクレームにどのように対応したのか、把握できていない。

クレームは生き物であり、刻々と状況が変わるものである。また今回のケースでは、1回目の結果が即時にお客さま相談室に報告されていれば、2回目がありうることは想定でき、事前に各営業所や鈴木に警戒を呼びかけることもできた。現場での対応を迅速に共有するツールがなければ、クレーム対応のレベルは上がらないのである。

3◆スキル

クレーム対応は人と人のかなりむずかしいコミュニケーションである。相手が「不満を感じているお客さま」であることを考えると、事実関係はさておき、暗黙のうちに力関係が客側に偏ってしまう。こういった前提のなかで、企業としての方針（ルール）を貫き、かつお客さまに失礼のない対応をするには、それなりのスキルが必要になる。

営業担当者である鈴木は通常の企業担当者同士のコミュニケーションスキルは備えていると思われるが、今回のように一生活者とのクレーム対応については素人といわざるをえない。人対人である以上、それなりのスキルを身につけていなければ、クレーム対応は破綻する。

今回のクレーム対応の問題点

本ケースについて、改めて「3つのル」を振り返ってみよう。

1◆ルール

「異物が入っていた」という主張について、その証拠や根拠となる「現物」なしに企業はどう対応すべきかが焦点である。「現物がなくてもお客さまを信じて返金する」という方針を掲げている企業もあるが、その場合でも「個数は1箱であること」や「そのお客さまからのお申し出としては初回であること」などの条件を設定しているケースがほとんどで、無条件にお客さまを信頼して返金するというルールを設けている例はないだろう。

それは、「お客さまは嘘をつくことがあるから」という観点もあるが、本来の理由はケース中にも出てくるように、「企業として責任ある対応ができないから」である。企業としては自社が自信をもって世に送り出した商品に問題があるという判断をするのだから、不具合の見つかった現物が必要になる。現物もなしに問題を認めるのでは、企業としての責任を果たしているとはいえない。したがって、お客さまには申し訳ないが、現物を提示いただくことが多くの企業でのルールとなっている。

このように、「どういう場合に、どのような対応をするのか」「より細かいケースでは」といった対応方針を明確にしておくことは、クレーム対応において必要不可欠である。この方針は企業の理念や姿勢を表わすものであり、「過去こうしていたから」ではなく「本来、わが社はどう対応すべきか」の観点から検討し、社内で共有しておくべきものである。

2◆ツール

クレーム対応を指示された鈴木が、その結果報告を迅速に本社お客さま相談室にあげなかったことが問題点として取り上げられたが、クレームは日々刻々と状況が変わるものであり、お客さまの要望の変化、調査した結果、自社の対応やお客さまの反応などをできるだけリアルタイムに社内で共有されるような仕組みのあることが望ましい。

クレーム対応を重視している企業では、該当部署や担当者一人ひとりがツールを使って状況を記録し、記録と並行してマニュアルを確認しながら次の対

応に臨んだり、場合によっては情報を共有している他部門（お客さま相談室やその他）からのアドバイスが得られるような仕組みを構築し、ツールなどを整備していることが多い。

また、クレーム対応の経緯・結果を関連部署が閲覧できれば、再発防止に活用したり、類似のクレームが発生したときの対処策を事前に検討でき、これもメリットとしてあげられる。

3◆スキル

クレーム対応というと、一般的にはスキル面がクローズアップされることが多い。たとえば、謝罪の仕方、お客さまに配慮した断わり方、法的な側面からのクレーム対応の知識といったものである。しかし本来、クレーム対応は「組織対応」であり、一人ひとりの担当者のスキルに依存する割合が低いほうが望ましい。そのためには、前述したようにルールやツールが十分に整備され、クレーム対応の矢面に立つ担当者を支援できることが重要なのである。

とはいえ、「おかしい」「本来はどうなんだろう」と思いながらもズルズルとお客さまのペースにはまってしまいがちである。迷った時点で対応を中断するといった判断はもちろんだが、まさに「何についてどう謝るのか、謝らないのか」「何をするのか、しないのか」といった方針をしっかり打ち立てて、ブレずに対応できるよう、スキルアップをはかることが必要不可欠である。

多くの企業では、研修のなかでロールプレイングを実施したり、ケーススタディに取り組んだりして、担当者のスキルアップをはかっている。そのような場でぜひ取り入れたいのが、「方針を考える力」「ベースとしてのお客さまの期待を見抜く力」といった本質力ともいうべき能力の構築である。言葉巧みにお客さまを丸め込んだり、その場をやりすごすだけのテクニックは百害あって一利なしである。

「責任ある対応」と経営者の役割

ある企業経営者は、クレーム対応の原則を構築するにあたり、「よいお客さまからはさすが○○だと言われ、悪いお客さまからは○○は手強いから手を出すなと言われ、矢面に立つ社員からは安心して対応に臨めると思われる、

そんな仕組みをつくりたい」と考えた。この社長のようにクレームの大事さや大変さを理解し、企業として責任ある対応をしようと考えている組織であることが、何よりも重要である。

　また、この社長の例も含めて、クレーム対応における経営者の役割は以下のとおりである。

◆ クレームを含むお客さまの声が企業にとって非常に重要であることを基本的考えとして明示し情報発信する
◆ 特にクレームについては企業として最善の対応を最速で行なうことを目標として明示する
◆ 上記の基本的考えと目標を実現するために必要な仕組み（3つのルなど）の整備を指示・監督する
◆ クレーム対応が整備した仕組みに則って実行・管理されていることを定期的にレビューする
◆ 特に企業のブランドイメージを傷つけたり、大きな社会的影響があるようなクレームについては、対応方針の立案から対応の実行、終了まで指示し陣頭指揮を執る

（江渡康裕）

組織活性化

9. 従業員意識調査と組織活性化推進

設問

　従業員意識調査の実施および結果の公表方法を考えてください。また意識調査を踏まえた「活性化プロジェクト」を立案してみましょう。

- **●ねらい**　ヤマダ美粧サービスでは、従業員意識調査の結果を受け、関連会社出身の社長や経営企画部長の問題意識のもと、全社活性化プロジェクトが立ち上がった。従来のやり方を変えることへの抵抗などがあるなかで、事務局はプロジェクトをどのように進めるべきかを考えたい。

ケース

●**主な登場人物**
二宮主任：総務人事部主任（全社活性化プロジェクト事務局担当兼任）、30歳。入社後5年間支店営業を経験し、その後総務人事部に所属。
大野部長：経営企画部長（全社活性化プロジェクト事務局責任者兼任）、53歳。この4月より、関連会社ヤマダ美粧からヤマダ美粧サービスに出向。
角田部長：総務人事部長（全社活性化プロジェクト事務局兼任）、55歳。プロパー社員。二宮の上司。

●**全社活性化プロジェクトの始動**
　ヤマダ美粧サービスは関連会社ヤマダ美粧の商品を主に美容院等の顧客に販売

する会社である。日本各地で分かれていた販社が一つとなって、5年が経つ。昨年度に就任した社長の意向で初めて従業員意識アンケート調査を実施した。その結果を見た社長が全社活性化プロジェクトを立ち上げようと言い出し、ヤマダ美粧からこの4月以降、出向してきている経営企画部長の大野が事務局責任者となった。従業員意識アンケート調査の窓口だった総務人事部長の角田と、アンケート調査の実務を担当していた二宮もプロジェクト事務局に加わった。

　二宮は、アンケート調査結果レポートを見て、想定はしていたものの惨憺たる結果にショックを受けていたところに、上司の角田部長から、「大野さんが若手の事務局員がほしいと言うから、きみも巻き込んでしまった。ただ、わかっていると思うが従来からの仕事は減らせない。悪いが頼むよ」と言われ、プロジェクトの事務局となることを喜んで受け入れた。

●プロジェクト発足の打ち合わせ
　二宮は総務人事部長の角田、経営企画部長の大野との全社活性化プロジェクトの打ち合わせに出席した。事前に準備をすべきことがあるかを角田に相談したが、「大野部長が考えているから大丈夫だ。打ち合わせ後、大野部長の考えを企画書にまとめてくれ」とのことだったので、何も用意はしていかなかった。
二宮「まずアンケート調査結果のみなへのフィードバックからスタートですね」
角田「しかし、結果がひどすぎるので、しなくてもいいと思います」
大野「でも、せっかくみんなが回答してくれたのですよ」
角田「回答率が70％に達していないので、不満を持っている社員が回答して、そうでもない社員は回答していないのだと思います。うちの実態は、これほどひどい状況ではないですよ。それにだれが回答したのだという犯人捜しにつながりかねません」
二宮「回答率が70％は低いのですか？」
大野「ヤマダ美粧では毎年やっているが、90％以上あるよ。まいったな、そんなに回答率が低かったのですね」
　結局、社員への結果公表は保留とすることとし、次の議題「全社活性化プロジェクトの目的・目標の確認」に移った。
角田「社長からも指示されましたが、まずコミュニケーションをよくすること、そして経営方針を浸透させることですね」
大野「そうです、そして、みんながやりがいを持って働けることですね」

二宮「調査結果レポートでは、組織内・組織間のチーム力を高めることと、一人ひとりの自分事化を高めることが課題とありました」

大野「コミュニケーションをよくすることが、組織内・組織間の連携を高める第一歩ですし、経営方針の浸透は各自が経営方針を自分の日々の仕事に落とし込んでやりがいを持ってやってくれるための第一歩ですよ」

角田「そうですね。そして、今年度末に行なうアンケート調査でスコアを上げたいと社長もおっしゃっていました」

大野「アンケート調査のスコアは単なる指標ですよ、でも大事ですね」

次は、進め方である。

大野「まずは、各部署からプロジェクトメンバーを1名ずつ選び、各部署のプロジェクトリーダーになってもらいましょう。そして、全社で何をするか、各部署で何をするか、プロジェクトミーティングで決めましょう」

角田「東京以外の支店からメンバーを選んでも、ミーティングに集まるのが大変です。人数も多くなります」

二宮「しかし、ほかの支店も入れないと、全社プロジェクトとは言えません」

大野「一度に全社は無理なので、まずは本社と東京支店、他支店については、本社の営業企画部からのメンバーに任せることにしましょうか」

角田「社長は、若手の意見をいろいろ聴きたいとも言われていたので、若手中心に選んだほうがいいでしょうか」

大野「若手の意見を聴く場は、別に設けてもいいと思いますよ。それより各部署を引っ張ってくれる人をメンバーに選んでもらいたいですね」

角田「では、人選は各部署のマネジャーに任せましょう」

●第1回プロジェクトミーティング

各部署から選ばれたメンバー10名は、ほとんどが二宮と同年代の主任以下の若手だったが、全社プロジェクトが発足し、二宮はメンバーの出席確認や社長のスケジュール調整、資料準備等であわただしく過ごした。

初回プロジェクトミーティングでは、社長によるプロジェクト・キックオフの講話に続いて、メンバー・事務局でディスカッションを行なった。テーマは、

◆テーマ1：各職場のコミュニケーションをよくするには
◆テーマ2：経営方針を浸透させるには

の2つである。テーマ1については、職場内はもちろん、本社と各支店間、営業

と営業事務間、営業とお客さまコミュニケーション室間、上司と部下間などさまざまな意見が出た。テーマ2については、経営方針とは何かという話題になり、経営理念をそらで言えるメンバーが一人もいないことがわかった。
　ディスカッションのまとめは大野が行ない、次回まで各メンバーは以下に取り組むことになった。
◆ 経営方針を浸透させるため、経営理念の唱和を朝礼で必ず行なう
◆ コミュニケーション促進のため、あいさつ運動を全社で行なう
◆ メンバーの各職場で、コミュニケーションと経営方針の浸透について話し合い意見を聴いてくる
◆ 次回は、その実施経過をみなが持ち寄る
　ミーティング後の懇親会の手配も二宮の仕事だった。大野・角田両部長からメンバーをねぎらうおいしい店を選ぶよう指示され、気を遣った。そのかいあってか、みなが楽しく会話し満足して帰ってくれたようで、二宮はプロジェクトがうまくいくと信じていた。翌日、二宮が部長の角田とともに、結果を社長に報告したところ、全社に案内するよう指示され、イントラネットに掲載した。

● その後のプロジェクトミーティング
　プロジェクトミーティングは2回目、3回目と回を重ねるごとに欠席者が増えていった。メンバーの報告内容も「朝礼で経営理念の唱和を実施しています」「朝礼であいさつ運動の徹底をお願いしています」など、各職場での推進経過ばかりが聞かれるようになった。また一部メンバーの変更があったため、プロジェクトの目的や進め方などを改めて説明することが重なった。
　もっとも、ミーティング後の懇親会は、二宮厳選のおいしいお店ということもあり、場は盛り上がった。

● 第4回プロジェクトミーティング前日
二宮「明日のプロジェクトミーティングですが、欠席者が6名もいます。急な仕事が入ったという理由や、忙しくて仕事を抜けられないという理由です」
角田「メンバーの半分もいないなら延期しよう。みなに連絡してくれ」
　二宮がメンバーにメールで連絡をしたところ、大野が飛び込んできた。
大野「どうして中止にしたのですか？　メンバーの多くが欠席という理由で中止にしたら、今後も開催できない可能性がありますよ」

角田「仕事が忙しいこの時期に開催すること自体、現場にとっては迷惑ですよ。余計やりがいをなくします」
二宮「欠席理由は忙しいからではないと思います。メンバーにじかに聴いてみますので、任せてください」

● 全社活性化プロジェクトに対するメンバーの本音
　二宮は、主だったメンバー一人ひとりに話を聴きにいった。
◆ お客さまコミュニケーション室担当：北川
　コミュニケーションをよくしようというのは賛成です。でも、うちの職場内のコミュニケーションは悪くないと思う。変えたいのは、うちと営業とのコミュニケーションギャップです。支店に言っても、営業企画に言っても、たらい回しです。うちの室長もヤマダ美粧には言えないと話しています。そういうことを変えたいと思って、アンケートにも書いたしプロジェクトミーティングでも発言したけど、何も変わっていません。あいさつ運動なんて、うちの職場では当たり前のことなので必要ありません。また、経営理念の唱和をしていたら、ただのお題目でうちの会社はそれすらわかっていないと思えてきて悲しくなりました。それで室長に相談したら、もう出なくてもいいよと言われました。次回のアンケート調査のスコアを上げるためにプロジェクトをやっているのではとも感じます。実態が変わらないのに、スコアだけ上がっても意味がないですよね。
◆ 東京支店営業第二課：杉下主任
　第1回プロジェクトミーティングで社長の話が直接聞けたのはすごくよかった。社長がめざす姿はいいなと思うし、そんな会社になりたいと思う。でも、うちの課が担当しているお客さまは、1店舗だけを経営している美容院が多い。だから僕の営業成績もよくない。でも美容院のオーナーや美容師さん、その先のお客さんに喜んでもらえるようがんばっている。後輩にもちゃんと指導しているつもりだけど、また一人辞めたいって言ってきた。いまの僕の仕事を続けていて、社長のめざす姿に近づけるのかなと疑問が出てきた。何かが違うと思って課長に相談したら、現場を知らない人の言うことは適当に聞いておけと言われた。課長は悪い人ではない。でも業績を上げることに必死なので、僕もあいさつ運動や経営理念の唱和をしている暇はないと思った。
◆ 東京支店営業サポート部：岩下
　プロジェクトメンバー選定のときから、部長は暇そうな人を選ぶ感じでした。

なぜ私が選ばれたのかの説明はなく、とりあえず行ってくれという指示でした。その後、プロジェクトに行くと言うと「いいな。またおいしいもの食べに行くのか」と言われました。当日の自分の担当分の仕事はほかの人に任せなければならないので、同僚にも「岩下さんがプロジェクトに行く日は残業になる」とも言われます。朝礼で経営理念の唱和をしましたが、契約社員さんに、「これってどういう意味ですか？」と聞かれても答えられなくて、よくわかっていないものを唱和して何になるのかなと思いました。あいさつは支店内ではもともと、みんなやっています。でも本社から訪問する部長さんや役員さんには、あいさつをしても返してくれない人がいると思います。あいさつより、営業とのコミュニケーションや、本社の営業企画とのコミュニケーションをよくしたいし、東京以外の他支店の営業サポートの人たちがどんな工夫をしているのかもっと知りたいです。

解　題

従業員意識アンケート調査結果の公表

　本テーマでは、アンケートの回答率が70％だったことから結果の公表を見送った。改善アイデアなどを聴くアンケートでは回収率が低くても問題はないだろうが、組織の活性化をテーマとするアンケートでは、全従業員の総意であるとマネジメント層が納得できる回答率がほしい。なぜなら、調査結果は組織の各階層のマネジメントの結果であり、その結果を各階層のマネジメント層が自分事として受けとめ問題意識を持たない限り改革が進まないからだ。

　したがってアンケート調査担当者は、回答率を高くするために以下のような工夫が求められる。

- ◆ 職制を通じてのアンケート依頼…トップからのアンケート依頼メッセージ発信、幹部会議での依頼。その際に、「会社をよりよくするための意見を聴きたい」旨をきちんと伝えることが重要
- ◆ 回答の秘密保持…一人ひとりの回答がオープンにならないことを約束する。回収・集計は第三者が行なうこと、5人未満の組織・属性の集計はしないなど
- ◆ 草の根的な回答依頼…たとえば拠点ごとに窓口担当者を決め、各フロアを回って朝礼などでみなに依頼する、館内放送で依頼する、社員食堂に依頼・案内ポスターを貼る、労働組合に協力を要請するなど

　今回、ヤマダ美粧サービスでは70％という低い回答率だったが、それを理由に結果を公表しないのは、「せっかく回答したのに何も変わらない」と社員が感じるため逆効果である。回答率が低いことも含めて結果を公表し、「みなの意見を聴いて会社をよりよくしたい」というトップの本気度を示すべきである。

　なお回答率は、改革に対する社員の肯定的な認識が高まればおのずと高まってくるため、「社員に聴く」→「改革を行なう」→「社員に聴く」というサイクルを回すことが重要である。

活性化プロジェクトの進め方

　全社を巻き込む改革プロジェクトを進める際は、余計な仕事が増えたととらえられたり、従来のやり方を変えることへの抵抗が生じたりする。特に「活性化」がテーマの場合、目標や成果が目に見えにくく手段も一律ではないため、推進に苦慮することが多い。

1◆問題点とめざす姿に対する事務局内の共通認識

　事務局である大野部長、角田部長、二宮との間で問題点の把握やめざす姿の共通認識ができないまま、社長発言の表面をなぞっただけのプロジェクトが進んでしまった。ヤマダ美粧から出向したばかりで実態を知らない大野と、プロパーでヤマダ美粧サービスについてのプライドを持ちつつも実態を知っている角田、若手で理想に燃える二宮とでは、問題意識は異なるはずである。

　プロジェクト発足時点で、問題となっている点、めざす姿について事務局で共通認識ができていない場合は、まず社員へのヒアリングなどを通じて問題意識の背景にある事実把握からはじめる。

　ちなみに、従業員意識アンケート調査から得られた回答は、「心理的事実」と「客観的事実」に区別して考えたい。たとえば「経営理念は明確であるか」という質問に対しては、「ホームページにも経営理念が示されているし、社員手帳にも書いてあるので明確だ」「入社式で聞いたような気がするが、その後見たことがない」「言葉は知っているけど意味がよくわからない」など感じ方はさまざまであり、得ている情報や期待水準によって回答が異なってくる。社員が何を問題と考えているかという事実把握をしたうえで、解決すべき事柄をとらえることが重要である。

2◆プロジェクトメンバーとのシナリオの共有化

　ヤマダ美粧サービスでは、プロジェクトメンバーは事務局から言われるまま、あいさつ運動や経営理念の唱和に取り組んだが、それが各自の認識している問題の解決にどのようにつながるかが腑に落ちていなかった。事務局の打ち合わせで大野が発言した「コミュニケーションをよくすることが、組織内・組織間の連携を高める第一歩で、経営方針の浸透は各自が経営方針を自分の日々の仕事に落とし込んでやりがいを持つための第一歩」をシナリオと

図表9-1◆大野部長の頭の中にあるB社変革シナリオ

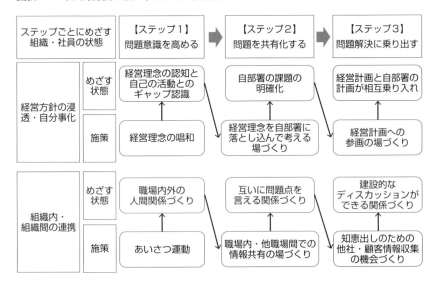

して示し、みなで共有することが重要である。たとえば、経営企画部長の大野の頭の中にあるシナリオを図解すると、図表9-1のようになる。

また、あいさつ運動が「職場内外の人間関係づくり」をめざすならば、杉下の部署内コミュニケーション問題や、岩下が思う本社とのコミュニケーションギャップ解決のきっかけとはなる。ただし、北川の問題認識にとっては、情報共有の場づくりが施策として必要かもしれない。シナリオを理解していれば、北川も他職場間との情報共有の場づくりを職場で提案できたかもしれない。

経営方針の浸透のための経営理念の唱和については、当然ながら社員全員がそらで言えることが重要なのではない。大野としては、「唱和すること＝知ること」でみながいろいろ疑問を持ってほしいとの思いがあったのだろう。二宮がヒアリングした北川、杉下、岩下のいずれもが、経営理念について何らかの疑問を持ち出していた。ギャップを知って問題意識を持ってほしいというメッセージがあれば、プロジェクトメンバーも安心して進められたかもしれない。

3◆管理職層の巻き込み

　今回、ヤマダ美粧サービスでは、管理職層の巻き込みが不十分なままプロジェクト活動が進められた。二宮がヒアリングで聴いたように、上司や同僚の理解が得られずプロジェクトへの不信感を高めたメンバーも多いことだろう。

　日々の仕事は職制で動いているため、まず管理職層自体が問題意識を持ち、自らのマネジメントの何を変えるべきかを認識しなければ活性化が進むことはない。管理職の役割には、①部下の意識を変えること、②部下の行動を変えること、③組織の業務プロセスを変えること、④組織の成果を向上させること、の４つがある。

　まずは、管理職が自部署の従業員意識アンケート調査の結果を、自分自身のマネジメントの結果として受けとめ、何が問題かを組織を預かる長として振り返る機会をつくることが必要である。

　また、「活性化」とは特別なことではなく、日常の業務において一人ひとりの仕事のやり方・判断がよい状態に変わることであり、それは管理職の当然の役割である点を再認識させることである。

（才木利恵子）

問題解決

10. 問題解決技法の職場での実践

設　問

　改善プロジェクトの一員として、①職場の問題点（仮説）は何か、②問題点（仮説）の確認、検証にはどのような実態調査が必要か、③問題の解決にあたり、実施すべき対策とその実施体制、当面の改善目標など、とるべき行動を考えられる限りあげてください。

- ●**ねらい**　問題解決のプロセスでは、対応を急ぐあまり、十分な原因究明を行なわず、結果として対症療法的な対策に陥りがちである。職場内のリソースを考慮すること、効果的な対策を講じること、そして成功体験を積むことの重要性を認識する。

ケース

●**主な登場人物**

林田課長：新日本機器総務課長、43歳。社外の「問題解決研修」を複数回受講したほか、ある機関で社内インストラクターの資格を取得。「チーム力を高める！」がモットー。

佐山グループリーダー：第１グループのグループリーダー、40歳。社内複数部署の経験があり、社内人脈も豊富。楽観的に物事を考えるタイプ。

山下グループリーダー：第２グループのグループリーダー、32歳。社内最年少のグループリーダー。論理的な思考能力に優れているが、物事を強引に進めがち。

勝　田：第１グループ所属、28歳。明るく元気。女性社員のリーダー的存在。

川　　島：第2グループ所属、30歳。異業種から2年前に転職。そつのない応対、
　　　　　丁寧な仕事ぶりで他部門からの評価も高い。

●総務課に対する社内他部門の声

　新日本機器は、中堅の情報機器販売・保守会社である。業容拡大にともない業績も好調なことから、ここ数年は新卒採用、中途採用とも積極的に展開している。林田が率いる総務課も、業容拡大にともなう人材採用により、業務量は増大かつ複雑化している。そのため、最近は社内他部門からさまざまな声（クレーム）が寄せられるほど、社内業務の質が急速に低下しており、林田の懸念事項となっている。

　そのような状況に対処するにあたっては、課内メンバーで問題解決プロセスを学び、実践するよい機会でもあると考えた林田は、早速メンバーを招集し、活動の趣旨説明を行なった。

「今月の部課長会で、先月行なった社内アンケート結果の報告があった。今回、われわれ総務課に対する他部門からの意見、要望が多く出されていた。他部門をお客さまとすると、クレームと考えたほうがよいくらい厳しい指摘がある」

　招集されたリーダーの佐山、山下、担当の勝田、川島の顔が一瞬こわばった。普段温和な林田にはめずらしいほどストレートで厳しい言い方だったからだ。林田は1ページにまとめられた資料を全員に渡しながら続けた。

「各部門から総務課に対する主な意見をあげてある。感謝の言葉もあったが、厳しい意見・要望を列挙した。特定部門からのみ指摘されているわけではないので、われわれの業務品質の現状に対する率直な評価と考えるべきだ。ここ1～2年、営業組織の改変、業務範囲の拡大もあり、社内業務も増えていることは事実だ。ベテラン社員が産休に入ったり、退職したりということもあった。そのため社内各部門の要求水準に追いついていないことは十分考えられる。しかし、気になったのは、倉石営業部長の言葉だった。『最近の総務課は、お客さま対応としての基本動作が欠けているように思う。社内部門に対してこのような応対をしているのであるなら、社外への対応レベルはどうなっているのだろうか？　とても気になってしまう』。これはわれわれにとって、とても厳しい指摘だ」

　配布された資料には、以下のような他部門からの意見が書かれていた。
◆ 担当者が不在のことが多く、伝言してもコールバックが遅い
◆ 担当者以外ではまったく用件が通じないことが多い

◆ 新しい人のなかには、基本的な業務知識が不足していることがある
◆ 問い合わせている案件の担当者がだれかが総務課内でわからず、保留にされたり、たらい回しされることがしばしばある
◆ 同様の案件の回答であっても、担当者によって判断基準が異なる場合があり、こちらも判断に迷うことがある
◆ 特に年配の担当者の電話応対マナーが悪い。言葉づかいもよくない。外部からの評価も悪いのではないかと心配になる

　4名は配られた資料を食い入るように見つめていた。林田はさらに続けた。
「私は、厳しい意見と思うが、お客さまに指摘される前に、このような意見を社内から言われることは、われわれの会社は健全で、風通しがよいということだと思っている。みんなもぜひ、今回の件をよい機会と前向きにとらえて、必要な改善をしていこうじゃないか。課のなかの犯人捜しなどはしないので、問題解決のスキルを活用し、このメンバーでこれから何回か検討して対策まで考えてみよう」

●問題点の共有化（問題仮説の検討）
「うちの課ってこんなに酷いのですかね？　確かに新しい人が増えて戸惑っていることはあると思います。他部門の質問に即答できないこともあるでしょうね。でも、できる限り知っている人がフォローしているはずですから、ここまで言うこともないと思うのですけれど」。第1グループリーダーの佐山が口火を切った。
山下「いずれにしても、現状の確認が必要になります。第2グループでは中途採用者の職場内研修等その都度手は打っていたのですが、追いついていなかったようですね。特に指摘されている対象メンバーと、その原因を明らかにしないと真の解決にはつながらないですね」
川島「年配担当者の電話応対マナーの悪さというと、特定の人が想像できてしまいますね」
佐山「われわれが講師を呼んで全社のマナー研修を行なったこともあるのに情けないね。総務課のマナー研修をやり直そうか」
林田「他部門から言われたことを一つひとつ対応し、改善することは、いますぐでも取り掛かれると思うが、それでは対症療法的な対策になりがちです。この際、われわれ総務課で起こっている問題について、きちんと考えてみたいと思う。
　新しいメンバーが増え、仕事量も増え、みんな自分の仕事をこなすのに精一杯で、ほかの人の仕事について考えるだけの余裕がなかったのではないでしょうか。

やはり、総務課メンバー全員参加で、今回の他部門からの指摘事項に関する問題点を共有することにしよう。問題解決の検討フォーマットは、私が提供するようにしましょう。社内研修扱いにして、なるべく早く実施できるよう、両リーダーで企画、スケジュール調整をしていただけますか」

林田は、佐山と山下を見ながら言った。「承知しました」。佐山、山下は、声を揃えて答えた。翌日、林田から検討フォーマット（図表10-1）を提供された両リーダーは早速、メンバーのスケジュール調整、検討を開始した。

図表10-1◆問題解決検討シート

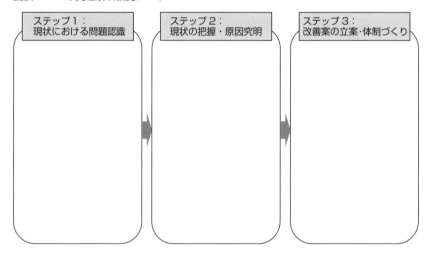

解　題

この職場の問題点（仮説）

　厳しい指摘を受けた林田だが、お客さまから指摘される前に、社内において問題提起される機会がある新日本機器は、大変風通しのよい風土を持った会社であり、改善意欲も高いといえる。

　職場内の問題解決にあたり陥りがちなのが、対症療法的解決、クレーム対応、俗に言う「モグラたたき」である。多くの職場で、日々の業務に追われ、業務時間外で改善活動を進めるゆとりはない。また問題解決プロセスを真に理解し、職場内で問題解決のリーダーシップをとれる人材も少ないのが実情だろう。そのようななかでは、当面迫られている指摘事項のみなくせばよい、起こっている不満の声のみ解消されればよいと考えるのは必然である。

　図表10-2は自社（自職場）のタイプ診断である。「五里霧中型」は問題外だが、陥りがちなのは「衝動型」である。本ケースでも、「特に年配の担当者の電話応対マナーが悪い」という指摘がなされているが、このような指摘事項に過剰に反応し、「犯人捜し」を行なったり、その結果として、「電話応

図表10-2◆自社（自職場）のタイプ診断

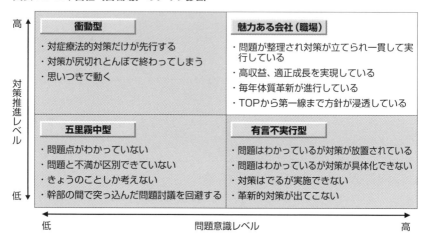

対マナー教育」に走る場合がある。他部門から指摘されている事項一つひとつに対応することも「衝動型」、対症療法的と言える。

　魅力ある会社（職場）をめざすためには、問題解決のプロセスである①問題点の把握、②原因究明、③対策立案、④実施のうち、特に①（現状の）問題点の把握と②原因究明が重要になる。すなわち職場内で起こっている問題は何か、指摘事項をもとに、職場が抱えている問題点（仮説）を設定するのである。

　そのためには課内メンバーが、自職場では、「何ができていないのか？」「何が不足しているのか？」を真摯に考え、共有する必要がある。本職場では、「自分の仕事をこなすのに精一杯で、課全体の仕事の内容が把握できていない」「職場内のコミュニケーションが極端に減っている」「基本的な業務知識が身についていない社員がいる」「電話応対マナー等基本的な応対ができていない社員がいる」等の問題点（仮説）が考えられる。

問題点検証のための調査・原因究明

　社内他部門から指摘された事項については、問題点の裏づけとなる実態を把握する。具体的には、以下の問題点検証のための調査が考えられる。

　一つは、自部門の実態調査である。全課員の日常の業務状況を観察し、他部門から指摘されている事項の実態がどうなのかを調査する。必要があれば、担当者を個別にヒアリングし、原因究明にあたる。

　あるいは、相手先にアンケート調査を依頼したり、ヒアリングに協力してもらう方法もある。他部門からの指摘事項を裏づける調査を関連部門に広く実施し、定量的な側面からも検証するのである。そして相手先調査により検証された問題点についても原因究明が求められる。

　原因究明の際、ぜひ留意したいのが「３つのル」である。原因の多くは、ルール（規準）、ツール（道具）、スキル（技術）のいずれかが不足していることが多い。たとえば調査の結果、「基本的な業務知識が身についていない社員」が30％いたとする。その原因は、身につけるべき業務知識範囲が明確に定められていない（ルールがない）、身につけるためのマニュアルがない（ツールがない）、マニュアルを十分、理解・活用できていない（スキルが

ない）が考えられる。それぞれの原因によって、そこから発想される対策も異なってくる。

　一方で、原因究明の際に気をつけたいのが、「自責」と「他責」の区別である。自責とは、自己（自部門）の責任としてその原因を考えること、他責とは、自己（自部門）ではなく、他人（他部門）の責任として、責任転嫁してしまうことである。「マニュアルがない（ツールがない）のは、人事、教育担当がマニュアルを作成していないから」（他責）では、自部門の対策につながる原因究明にはならない。反対に、「マニュアルがないのは、自部門の業務内容・特性を反映したマニュアルを教育担当に提案していない、活用の実態を伝えていない、教育担当とマニュアル活用現場が共同で作成していないから」と考えるなら、それは自責の原因究明となり、そこから自部門としての数々の対策案を導くことが可能になる。自責の原因究明を進めることを徹底したい。

実施すべき対策とその推進体制

　原因究明の結果、「3つのル」に従って規準、判断基準の見直し、新たなマニュアルの作成、教育・トレーニングの実施等の対策が提案される。場合によっては、「3つのル」のさらなる掘り下げがなされ、「職場内の日常のコミュニケーション不足」等があげられるかもしれない。そしてその対策として、

◆ 日常のコミュニケーションを深めるために、まずお互いを知ること
◆ お互い仲間として意識するための場を設定すること

などが必要になることもある。いわゆる昼食会、飲み会等だが、このような職場内の日常のコミュニケーション改善により、問題解決が急速に進むことも多い。各メンバーの個性、能力、関係性を鑑み、職場内での必要な打ち手を選択してストーリーを展開させるのは、リーダーの重要な役割である。

　対策のストーリー展開にあたっては、「アクションプラン」を作成し、改善業務としてのP（Plan）・D（Do）・C（Check）・A（Action）サイクルを回し続けることが必要である。

　アクションプランには、「3つのル」の対策や実施事項が盛り込まれるが、

ここで気をつけたいのが、ルールづくり、ツールづくりで終わらせないことである。改善活動に慣れていない企業や職場では、ルールづくり、ツールづくりが目的になり、実施、実施結果の評価がおざなりになる場合も多い。活動結果を確認・評価すること（Check）、それを活動の修正に反映させること（Action）をメインに据えたアクションプランを作成したい。

　職場の雰囲気や人の考え方は、活動を進めることにより、めざす方向に変えることができる。人の考え方や行動は、直接働きかけて変えることはむずかしいが、業務を通じて変えることはできるはずである。改善活動を全員参加とし、一人ひとりをアクションプラン担当者に加えて進めることが、そのために重要なのである。

　また、活動の成果指標や目標は、具体的に設定したい。本ケースでは、他部門からの評価を定期的に受ける仕組みがあるようなので、それを進化させ、「社内CS（お客さま満足）調査」として企画・実施できるようにするとよい。当部門への各部門からの（項目別あるいは総合）満足度が指標であり、目標値を設定することにより、確実に成果が把握できるようになる。

　満足度を向上させるためには業務指標を設定することも必要である。たとえば業務知識（1～10グループにランク分け）をすべて習得している人が課員10人中何人いるか、「電話応対マニュアルセルフチェックリスト」が100点の人の割合といった業務指標を設定することにより、月単位、週単位で活動成果を測定する。業務指標が向上することにより、お客さま満足度を高めることができるのである。

　問題解決は、取り組みへの参加を重ねることで確実に習熟できるようになる。また、現状把握（問題事項の認識）、原因究明、対策立案、アクションプラン作成とステージを分ければ、一度に多くの時間を割くことなく、職場内で効果的に進めることも可能である。問題解決力スキルを上げることはリーダーシップを磨くことにもなるので、職場リーダーには問題解決プロセスに積極的に挑戦していただきたい。

（長崎　昇）

部門間連携

11. 営業と営業サポート部署の連携

設問

　営業サポートチームの小橋は、営業部二課長の丸山が納品ミスの件を言いにきたときに、どうすべきだったのでしょうか。あわせて、営業部が取り組む改善案を策定してください。

- **ねらい**　食品輸入・卸のムンド食品東京支店営業部では、効率化と機能強化をねらって課ごとに分かれていた営業サポート機能を集約しチーム組織として独立させたものの、受注処理の遅延や納品ミスが増加していた。営業部は、どのように改善に取り組むべきかを考察する。

ケース

●**主な登場人物**

小橋主任：営業サポートチームのチームリーダー、35歳。営業サポートチームが独立した際に他部署から異動してきた。営業サポート業務については経験なし。

高　　野：営業サポートチーム営業部二課担当、30歳。新卒入社後、ずっと営業サポート業務に携わっているベテラン。営業サポートチームが独立したことには不満を持っている。

島　　田：営業サポートチーム営業部二課担当、55歳。パソコン業務がやや苦手。契約社員。

越　　野：営業サポートチーム営業部一課担当、28歳。数ヵ月前に入社したばか

りの新人。契約社員。
丸山課長：営業部二課長、35歳。
田山部長：営業部長（営業部一課長兼務）、45歳。営業サポートチームが独立した際、他部署から異動してきた。以前、営業課長をしていた経験がある。
滝　　沢：営業部二課、28歳。

● 曖昧な業務分担と関係部署間の軋轢

　東京支店の営業部は、複数店舗を展開しているレストランを担当する「一課」、独立店舗のレストランを主な顧客とする「二課」、そして両課を支える「営業サポートチーム」に分かれている。以前は一課・二課それぞれに営業サポートメンバー2名が配属されていたが、最近異動してきた部長の田山の意向で、営業サポートチームに集約された。

　営業サポートチームの主な業務は、納品確定・請求書発行、営業担当者が客先に持参する販促プレゼン資料の作成サポート、一部の顧客からのFAX受注のシステム入力だが、チームができたばかりで営業担当者との業務分担が曖昧な点が残っている。小橋はチームリーダーとはいえ、田山部長と同時期に貿易業務部から異動してきたばかりで、まだ高野や島田から業務内容を教わっている段階である。

　そんなある日、営業部二課長の丸山が血相を変えて営業サポートチームにやってきた。

丸山「高野さん、昨日発注したのに届いていないものがあるとビストロKやリストランテαから苦情がきました」
高野「昨日、私は子どもが熱を出して午後出だったので島田さんが入力したはずです」
小橋「ええ、昨日は島田さんだけでは間に合わなくて越野さんにも手伝ってもらいました。いま島田さんと越野さんは昼食に行っているので戻ったら確認しますが、納品されなかったのは在庫切れの商品ではないですか？」
丸山「在庫切れならそれをお客さまに伝えてもらわないと困ります」
高野「在庫切れの場合は、営業担当者から伝えることになっていますよね。島田さんから担当者には連絡しているはずです。担当者は滝沢さんですよね？」
丸山「滝沢は昨日ときょう、お客さまのバル・ビルバオの改装オープンの手伝いで外出しています」
高野「私たちは滝沢さんがずっと外出だったことを教えてもらっていません。そ

部門間連携　129

れに外出先でもメールは見られるでしょう？」
　高野にやりこめられて、丸山は帰っていった。
小橋「高野さん、本当に在庫切れだったんでしょうか？」
高野「島田さんの入力ミスの可能性もありますが、いいじゃないですか。以前か
　　らときどきありますけど、おおごとにはなっていません。それに最近、営業は
　　私たちに文句や無理なことを言ってきてばかりなので、たまにはこちらも強く言っ
　　たほうがいいんです。滝沢君がときどき教えてくれるので助かってますが、丸
　　山課長はいつも突然言ってきて、本当に大変です。以前は、課のミーティング
　　にも出席していたので営業担当者の外出などもわかっていましたが、部署が分
　　かれてからは教えてもらえないので、ルールどおりにやらないと負担ばかり増
　　えますよ」
　その後、丸山が何も言ってこなかったので、小橋は島田や越野に入力の有無や
在庫切れの確認をしないままにしてしまった。

● 発注量と入力・納品ミスの事実確認
　小橋と高野は、部長の田山から打ち合わせがあると呼び出された。行ってみると、
丸山もいる。
田山「ロジスティック部から苦情がきている。受注入力は11時までなのに、二課
　　の分がいつも遅れて12時近くになり作業開始が遅れて困っているそうだ。それに、
　　丸山から聞いたが、納品ミスも多いそうじゃないか」
小橋「いつも遅れるわけではありません。間に合わせるために私と一課担当の越
　　野さんも手伝っていますが、ときどき11時を過ぎることがあるだけです」
高野「それにFAX発注が多すぎるからです。以前に比べて量も増えています。そ
　　れも私が子どもの事情で午後出になったり、島田さんが腰痛で休んだりする日
　　に限って多いんです」
小橋「私たちは毎日、始業時間より30分は早出して受注入力しています。それで
　　なんとか間に合わせているんですよ」
田山「量が増えているのは売り上げが増えているということで、営業部として喜
　　ばしいことでしょう。でも、売り上げは増えていないようですね。FAX件数が
　　増えてるの？」
丸山「そんなに増えていないはずです。そのように滝沢からは聞いています」
田山「では、納品ミスの件はどうかな？」

高野「たまには私たちの入力ミスがあるかもしれませんが、だいたいは在庫切れの連絡を営業担当者が忘れているからではないでしょうか。前シーズンの発注書で送ってくるお客さまもいて、今月の在庫がない商品を発注してくる場合もあります」

丸山「発注書を間違えるお客さまは、めったにいないでしょう。一度しかなかったことを、頻繁に起きているように言うのはやめてください」

田山「では、まず来週1週間、FAX発注の量と中身を調べなさい。どうするかはそれからだ」

丸山「小橋さん、高野さん、よろしくお願いします」

小橋「私たちが調べるのですか？」

丸山「FAX発注が増えたせいだと言ったのは、あなたたちです。それに私たち営業は客先回りがあるので、調べている時間はありません」

解　題

事実確認と隠れた課題の把握

　営業サポートチームのリーダーである小橋には、まだ業務に不慣れとはいえ、納品ミスなどの問題を見過ごさないことが求められる。

1◆納品ミスの事実確認

「発注したのに届いていない」ことの具体的な事実や、それに至った原因を把握することもなく、営業担当者が悪いと感情的になっている高野、営業サポートが悪いと思っている丸山を、小橋は放置してしまった。また納品ミスは以前から起きていたらしく、また起きる可能性もある。

　本来なら、以下のような点を確認し、問題解決に取り組むべきである。

◆ 納品されていない商品は在庫切れだったのか否か
◆ 在庫切れだった場合、その連絡がなぜ顧客にされなかったのか
◆ 在庫切れではなかった場合、入力ミスだったのか否か
◆ 入力ミスだった場合、その原因は何か

2◆困りごとの把握

　高野の話では、組織変更後は営業と営業サポートチームの関係がぎくしゃくしているようである。営業からどのような文句が寄せられているのか、無理な要求とは具体的にどのようなことか、営業サポートメンバーが課に所属していたときとの違いは何かなどを高野から聞き出したうえで問題の交通整理を行なうべきであった。たとえば高野は「ルールどおりにしたい」と言ったが、あとの発言を聴くと、真意は、そのような杓子定規なことではなく、以前と比べて「営業担当者の情報がこない」ために困っているようで、それはミーティングへの出席や、ほかの情報共有の手段ですぐ解決できそうである。

営業部の改善への取り組み

　今後、営業部は、どのように改善に取り組んだらよいのだろうか。後方部門の組織は機能を集中させることで効率化や強化が促される一方で、直接部

図表11-1◆組織力を見る視点

門との連携に問題が生じ、分割により直接部門との連携はスムーズとなるものの、後方部門としての効率化やノウハウ共有・機能強化はされにくい。組織変更をしたメリットを最大限にするには、「思考の質」（何をめざして仕事をするかの共通認識の度合い）と「関係の質」（互いの業務・事情の共有）を高め、組織として強くなることが不可欠である。

1◆思考の質：顧客起点での営業部の問題の明確化

　ムンド食品東京支店営業部では、営業担当とサポート担当に分かれたことで自分たちの業務の大変さばかりに目がいき、顧客起点が抜けたままでの責任の押しつけ合いとなっている。発注したつもりの食材が届かないことが顧客のレストランにとってどれほど困ったことかを共通認識し、問題の明確化と課題の解決に取り組むべきである。

　小橋は事実関係を確認することなく、チームメンバーを守ろうとしている。丸山も部下である滝沢の行動や思いを把握しないまま部下を守ろうとしている。「だれが悪い」という犯人捜しではなく、問題解決のために何ができるかの姿勢が重要である。

2◆関係の質：互いの業務・事情の共有

　営業担当とサポート担当の関係の質はもちろんだが、営業担当者間、サポート担当者間で言いたいことが言える間柄になっているだろうか。営業サポートチームでは業務に不慣れな小橋は高野や島田に対する遠慮から状況把握に着手できておらず、営業部二課でも丸山と滝沢の間でコミュニケーションギャッ

プがありそうである。

　後日、小橋はロジスティック部にヒアリングに行き、コミュニケーションギャップとなっている状況が確認できた。
「早出して入力してくれていたとは、ありがとう。実は、12時までに数量確定してくれれば、間に合うんです。ただ、そうするとさらに遅れる営業部もあるので、厳しめに11時と設定しています。遅れるブラックリストに載っている支店は東京支店ではありませんよ（笑）。もともと東京支店は11時までに終了していることが多く、先に数量が確定できて助かっていたんです。ただ、日によって遅くなる場合があると、担当者としてはいつもの確定ができず、イライラしていたんです。申し訳ない」

　コミュニケーションを密にし、事実関係を確認することが重要であり、密にすることで期待も把握できるのである。

（才木利恵子）

12. ボトムアップの生産性向上活動

展開型プロジェクト推進

設 問

　CI活動（チャレンジ行動促進）を推進させる仕掛けや働きかけを、エフ・イー開発の山城課長の立場で考えてください。

- **●ねらい**　多くの企業で業務そのものや、その進め方に問題意識を持ち、改革を進める生産性向上活動が展開されている。ところが業務遂行が第一義とされ、ゆとりの少ない現場組織では活動はスローガンにとどまり形骸化しがちである。現場の活動に際しての管理職、活動リーダー、担当層の意識状態を読み解くなかで推進の要点を探る。

ケース

●主な登場人物

山城課長：環境管理課長、42歳。どちらかというと保守的タイプ。

芦沢主任：環境管理課主任、CI活動のワーキングリーダー、36歳。リーダー経験は初めて。

伊　達：環境管理課、31歳。芦沢主任の部下。仕事にまじめに取り組むが、抱え込み傾向がある。

長　浜：環境管理課、入社2年目、23歳。やっと仕事に慣れてきた段階。

大野課長：生産管理課長、51歳。日ごろは穏和な性格である一方、筋を重んじるタイプ。

●**業務生産性向上活動の推進**

　山城は、エフ・イー開発の環境管理課長である。社名のエフ・イーとは、自然エネルギー開発を目的として1980年に創立した二人の創業者・藤沢健一と遠藤亮太のイニシャルを冠したものであり、フレンドリー・エネルギー、つまり環境に優しいエネルギーを提供するという経営理念を表現したものである。

　環境経営機運の高まりのなかで、クリーンエネルギーの需要増に合わせて会社も業容を拡大してきたが、昨今の景気低迷のなかで収益は頭打ちの状況である。そこでCI活動（チャレンジ・イノベーション）と名づけられた業務生産性向上活動が全部門を対象としたボトムアップ活動として計画され、4月24日に華々しくキックオフした。

〔3月6日のチームミーティング〕

山城「来月からCI活動という活動がはじまるそうだ。現場第一線における業務効率化をねらいとした草の根活動ということだ。草の根活動ということなので、トップダウンでなくボトムアップで進めなくてはならない。よって、活動のリーダーは芦沢主任にお願いしたい。4月24日にキックオフミーティングがあるので全員が参加するように。では、よろしく」

伊達「昨年から行なっているコストダウンキャンペーンとはどう違うんですか」

芦沢「評価制度も変わって目標管理制度も入ったじゃないですか。まだ2年目ですけれど目標をおいて進めるところなんて今度の活動にも似ていると思うのですが…」

山城「まあ、やってもみないでああだこうだ言っても仕方がないから、まずはやってみようよ。二人がその気にならないとはじめられないじゃないか。そのうえで問題が出たら、そのときに考えよう」

〔4月24日のキックオフミーティング〕

土田社長「昨年は、かろうじて売上目標は達成したが、一方で利益は目標未達に終わってしまった。今期は、なんとしてでも収益目標を達成しなければならない。そこで経営レベルにおいては事業の整理統合を行なう予定だが、現場レベルでも、社員全員が一人ひとりの立ち位置で収益向上に向けた取り組みを行なっていただきたい。その取り組みの場として今年度よりチャレンジ・イノベーション活動を立ち上げる。この場でみなさんの知恵を十分に発揮させて、生産性向上を実現し、業績に貢献していただきたい。1年後には個々の取り組みの成果を得て、

その総和として会社全体の業績も達成させ、勝利の美酒を飲み交わそうではないか」
　午後の全員参加での検討では職場単位のグループに分かれ、現場の問題抽出が行なわれ、そのなかから職場で取り組む活動テーマが決定された。しかしながら、時間にせかされながらのテーマ設定であり、時間切れで設定されたムリクリ感の強い内容となってしまった。
〔1ヵ月後の進捗確認ミーティング〕
芦沢「それでは、この1ヵ月の進捗を報告してください。伊達さんは問題解決手法について調査をする担当でしたね」
伊達「すみません。まだはじめていません。先週の月曜からはじめようと思ったのですが、ちょうど経営企画の齋藤さんから今年度の設備投資用の基礎情報提供の依頼が急に入り、そちらに手を取られてしまいました」
芦沢「そんな依頼があったのか。なぜ上を通さないんだ。まあ、本社からのお達しでは仕方がないな。長浜さんは？　業務集計のワークシートづくりだったよね」
長浜「私もほとんどできていません。一度取り組みはしたのですが、わからないところが出てきて、芦沢さんに聞こうと思っていてそのままになってしまいました。すみませんでした」
芦沢「言ってくれれば対応したのに、なんで聞いてくれないんだ。仕方ないなあ」
　山城は、きょうは口をはさむまいと一番後ろの椅子に座っていたが、どうしても我慢しきれなくなって発言してしまった。
山城「みんな、どうしたんだ。それぞれやろうと思えばできた内容だろう。この活動の意味がわかっていないようだね。仕事は決められたことをやることだけでなく、やり方そのものを見直すことも仕事のうちだ。そこのところを強力に進めようというのがこの活動なんだ。活動の優先度をもっと高めて確実に進捗できているようにしてくれたまえ」
一同「わかりました…」
　山城にはっぱをかけられ、1ヵ月遅れでやっと動き出した活動であった。
〔さらに2ヵ月後のミーティング〕
　とりあえず1ヵ月は、なんとか活動が進んだものの、その後、また遅れが生じてしまった。課長の叱責の声が会議室に響いた。
山城「先月はなんとか動き出したと思ったのに、また止まってしまった。なんで遅れているんだ！」

芦沢「現状の業務量調査の集計がまだ着手できていません」
山城「そもそもの担当はだれなんだ」
芦沢「集計は私が行なう予定でしたが、各担当からの報告が上がってこないので遅れてしまいました」
伊達「報告を行なうことはわかっていましたが、どこまでを対象とするかの連絡がなかったので測定を行ないませんでした」
芦沢「対象範囲については、2ヵ月前に口頭ですが伝えています」
伊達「それは決定事項ではないと思っていました。そうならはっきりと言ってくれればよかったのに…」
山城「もういい！ みんな、何を責任をなすりつけ合っているんだ。だいたい、きみたちはいつもそうやって責任逃れをしようとする。そんな言い訳でなんとかなると思っていること自体がそもそも…。仕事に対する基本認識が…。だれが会社を…」

　メンバーがみな、下を向いているなかで、山城の話が長々と続いた。ミーティングの場が説教の時間になってしまった。

〔問題発生〕
　ある日、隣の生産管理の大野課長から怒りの電話が主任の芦沢に入った。
大野「あんたらのところが勝手に仕事の手順を変えたから、うちはかえって手間が増えて大変な迷惑だ。元のやり方に戻しなさい！」
芦沢「お言葉ですが、われわれはCI活動としてこのテーマを展開しているんです。これを実現しないとうちの目標は達成できません。大野課長のところでも事情は同じでしょう。なんとか協力してください」
大野「なんで自分のところの都合ばかりで話をするんだ！ 自分のところさえよければいいのか！ もう知らん！ もうあなたのところの仕事はやらん！」
　収拾がつかなくなってしまった。

●担当者の認識と本音
　「ふぅー」。ため息の主は、帰宅路の通勤電車の一つだけ空いていた席に座った山城である。芦沢の問題発言のあった日の定時後に大野課長からの直々のクレームが山城のところにも入ってきた。平身低頭で謝ったが尾を引きそうな雰囲気である。
　「なんでこんなに、だれも動かないんだ。これでは自分が管理責任を問われてしまうぞ。こんなことでミソをつけたくはない。なんとかならないかなあ」。目を閉

じて思案に暮れる山城であった。

                              ＊

　そして、ふと目を開けて顔を上げた山城は驚いた。目の前に自分がいるではないか。両隣には芦沢と長浜がいる。「きょうは３月６日か？　これは、活動をみんなに伝えたチームミーティングの場面だ。自分は伊達さんと入れ替わってしまったようだ。どうしてこうなってしまったんだ？」。

　そのうち、伊達である自分に割り振られたCI活動の話が聞こえてきた。同時に、伊達の意識が頭に浮かび上がってきた。

「何かまた新しいことがはじまるみたいだぞ、まあこれで会社がよくなるなら、自分の仕事が楽になるのならいいけれどね。草の根活動というけれど、あまり自分に火の粉が降りかからなければいいなあ」

〔４月24日のキックオフミーティング〕設定されたテーマに驚いた伊達の本音

「こんなテーマできるの？　このテーマに取り組んでも自分はちっとも楽にならないじゃない。なぜ自分が巻き込まれなければならないんだ！　…まあ、ここで強くは言えないから黙っておこう。あとはなるようになれ、だ。責任はリーダーにあるのだし…」

〔１ヵ月後のまき直しミーティング〕山城課長からはっぱをかけられた伊達の本音

「いくら巻きを入れたってできないものはできないよ。いまは担当する仕事がピークを迎えていて、活動になんか時間を割けないよ！　プライオリティを上げろと言っても、日ごろの仕事をやらなくてよいというのなら話は別だけど、無理でしょう。課長だって私の仕事の状況はわかっているはずなのにどうして手を打ってくれないんだろう。担当の仕事でもやりようによってはもう少し効率的にできるところがいくつかあるけれど、その効果はたかが知れているし、いまそんな話を課長にしても後回しにされるだけだなぁ…」

〔さらに２ヵ月後の説教ミーティング〕犯人呼ばわりされた伊達の本音

「なんで自分がそんなに言われないといけないんだ！　完璧に仕事ができているとは思わないけれど、いま、ここでそれを言われてもお門違いだろう。そもそも仕事が忙しいなかで、自分なりに職場に貢献してきたつもりだ。そんな言い方をされると開き直りたい気持ちになってしまうよ」

〔問題発生時〕大野課長のクレームの話を聞いた伊達の本音

「なんでここで課長が入ってくれないんだ。課長が入ればもっと話がスムーズに収まるのに…。このままでは問題がこじれて、人間関係そのものにも影響してし

まうよ。こんなことで敵を作りたくはないよな」
　　　　　　　　　　　　　＊
山城「言葉には出していなかったけれど、伊達さんは心の底ではこんなことを思っ
　　ていたのか。まったく気づかなかった。こんな気持ちのままでは活動が進むわ
　　けがないな。言ってくれれば少しは状況が変わったかもしれないのに…」

●ワーキングリーダーの認識
　考え込んでしまった山城であるが、次に気づくと、また3月6日のミーティン
グの席にいた。「また同じ夢を見ている」と思ったが、周りを見回すと伊達さんは
隣に座っている。今度は芦沢の目線と意識になっているようだ。
〔3月6日のチームミーティング〕リーダーに任命された芦沢の本音
「えっ！　私がリーダー？　1週間前も課長は特命の仕事を私に指示したばかりじゃ
ない。どっちを優先したらよいの？　両方は無理だよ。でもいま、嫌とは言えな
いよなあ。まあなるようになるだろう。自分はリーダーなのだから、作業は担
当に振ればいいしな」
〔4月24日のキックオフミーティング〕活動テーマ設定時の芦沢の本音
「どうせやるなら目立つテーマにしよう。そのほうが見栄えがいいからな。でき
るかどうかわからないけれど、こんな短時間でせかされたらほかに思い浮かばな
いよ」
〔1ヵ月後のまき直しミーティング〕進捗確認時の芦沢の本音
「長浜さんにはちゃんと詳細までスケジュールを立ててあげて、手順まで指導し
たのに、なんでできないんだ。入社してもう2年だろ。これくらいできないとは
本当に困ったもんだ」
　　　　　　　　　　　　　＊
　この気持ちを知った山城は再度、怒りが込み上げてきた。「部下に責任転嫁する
とは何事だ！　見当外れもはなはだしい。ほかの仕事を交通整理してあげればもっ
と進められただろうに、なんでそこまで気が回らないんだ」。
　　　　　　　　　　　　　＊
〔さらに2ヵ月後の説教ミーティング〕責任転嫁と言われた芦沢の本音
「なんで自分がこんなに怒られなくてはならないんだ。実行しなかったのは本人
の責任だろう。本人の責任を本人に言って何が悪いんだ。課長だって課長だ。人
に仕事を振るだけ振っておいて、あとは知らぬ存ぜぬ状態になってしまう。一度

相談をしたけれど結局うやむやになっているじゃないか。その返答がこれだとすると、もう一緒に仕事をする気にもなれない」
〔問題発生時〕大野課長からの叱責を目の当たりにした芦沢の本音
「結果を出さなければならない状況に追い込まれて、やっと見つけ出した対策なのだから、大野課長のところでも、なんとか対応してもらわないと困るんだなあ。山城課長は動いてくれないだろうから自分で言うしかないんだ」

*

　山城はいきり立ち、そして、その後考え込んでしまった。「なんでそう考えるんだろう。言ってくれればそれなりに動いたのに。そう思われる節がこれまであったのかなあ…」。ガタン！　大きな衝撃で目が覚めた。下車駅の一つ手前の駅に着いたところだった。山城は眠っていたようである。そして今度は目覚めたまま、自分の振り返りをはじめた。

●課長の振り返り
「夢か、あまりにも悩みすぎていたので夢にまで出てしまったのだな。それにしても不思議な夢だったな。夢のなかで活動メンバーの気持ちがわかった気がする。ところであのとき、自分はどんなことを考えていたんだっけな」
〔3月6日のチームミーティング〕
　活動のことを聞いたのは、その前の部会で、そのときは「また何か新しいことをはじめたな」くらいの感覚しかなかった。「重複しそうな、ほかの活動のことなど、まったく考えていなかった。草の根という言葉を聞いて、それなら担当の問題だと、自分事でとらえてはいなかった」というのが正直なところである。
〔4月24日のキックオフミーティング〕
「想定はしていたけれど面倒くさい活動がはじまったな」というのが本音である。設定テーマを聞いたとき、「芦沢主任は大丈夫かな？　決定したテーマは本当にできるのかな」と思ったものの、「まあ、本人たちがやる、と言っているんだからいいか」と他人事としてとらえるにすぎなかった。
　これでは当事者もやらされ感が払拭されないままの活動開始になったのも無理はない。
〔1ヵ月後のまき直しミーティング〕
「伊達さんの件は、あのときは本人に落ち度があると思っていたが、冷静に考えてみると本人の調整範囲を超えた仕事だったな。もう少し自分が調整しなければ

いけなかったのかもしれない」
〔さらに2ヵ月後の説教ミーティング〕
「言うべきことは言わないと本人のためにならないし、これまで言いたくて抑えていたことを、『いつも責任逃れ』と言ったんだが、ちょっと長く引っ張りすぎてしまったか。いまとなって思えば、言いすぎたかもしれない」
〔問題発生時〕
「芦沢主任の対応は人づてに聞いたが、私が出ていくと事が大きくなってしまうし、こんなことで大野課長とやり合いたくはないと思って様子見になってしまった。事の大きさをわかっていなかったな」

●活動推進のための組織マネジメント
　場面場面を思い起こすにつれ、山城は反省の念がわき起こってきた。
「それぞれの場面で、もう少し自分が動くとよかったのか」
「ボトムアップの草の根活動ということなので他人事と思っていたが、自部署の問題であり、管理職としての自分の責任は免れないのではないか」
「行動の主役は担当層だが、そのお膳立ては管理職である自分が行なわなければならなかったのではないか。任せるにしても、任せられるようにすべきだったのではないか」
「まだ、活動の期間は半分残っている。どうしたら活動が円滑に進むのか考えてみよう」
　山城は、今度は寝ぼけ眼でなく、下車駅の改札口を抜けて自宅に向けて歩きながら本気で考えはじめた。
　どんな仕掛けを行ない、どんな活動になったのだろうか。

解　題

　いわゆる草の根活動（ボトムアップ活動）は多くの企業・職場で見られる取り組みである。その目的は、効率化、生産性向上、問題解決、CS、チャレンジ等、多岐にわたるが、活動が順調に進んでいるかは、企業間、職場間で大きな差が生じている。成否の違いは、活動内容そのものではなく、職場でどう運営するかという組織マネジメントの善し悪しが大きく影響しているようである。

組織マネジメントのポイント
　以下では、草の根活動をスムーズに推進するための組織マネジメントのポイントや仕掛けを紹介する。成功に導くカギは、草の根活動がボトムアップだからといって、すべてを担当層に委ねるのでなく、職場の管理職がその場を演出することにある。

1◆「or発想」から「and発想」への転換
　本社からタスクが次々と降ってくる。比較的大規模な企業でよくみられる光景である。会社全体を統括する管理部門は、経営企画、経理、人事、品質管理…と機能別に異なる組織になっている。これらの部門においては、全社的視点からさまざまな改革施策が企画されるが、自部門だけで完結できる施策は少なく、現場での展開をライン部門に投げかけてくる。
　現場側では、その投げかけが正論なだけに表立って否定できず、自部門がどんな状況であっても受け入れざるをえない状況に陥っている。このような働きかけが本社の一部署からだけであれば、なんとかなるかもしれないが、改革に熱心な会社ほど本社の各部署から次々と施策実施が指示されてくる。
　それらの要請をまともに全部受けてしまうと、現場はパンクしてしまう。そこで「全部はやりきれません」「じゃあどれを削ったらいいんだ」「どれも削れません」「一体どうしたら…」と解決の出口の見えない悪循環サイクルにはまってしまうのである。
　解決の糸口は発想の転換にある。「どれを行なって、どれを行なわないのか」

(or発想)では出口を見出せないので、「すべてに対応することを前提として」(and発想)解決策を検討する。

具体的キーワードは「一石二鳥」である。本社各部署からの一つひとつの要請に個別に対応することはせず、全体を眺め、さらには通常の業務も意識しながら(やみくもに負荷をかけることなく)、それぞれの要請に応えられる改革行動を見出していく。

一つの推進テーマが本社の複数の部署からの要請へのアウトプットとして併用できることもある。すなわち、一つの改革行動は視点を変えてみればコスト削減、育成、問題解決、活性化など、さまざまな面からとらえることができ、結果として本社も現場もそれぞれが描いたねらいに対する成果を実感できる活動となるのである。

本ケースでは、担当層から他の活動との整合性を問われた3月のミーティング時に、山城課長が交通整理をしておけばもう少し負担感も減り、活動がうまく立ち上がっていたかもしれない。

2◆「自分事化の場」を設定し、受け身からの脱却をはかる

草の根活動は当然ながら組織業績向上を目的として展開される。キックオフの場面でも「会社の将来のために」といった文言が並ぶ。そしてだれもが、頭では(理屈では)会社のためであることは理解できるが、よほどの滅私奉公型の社員でもない限り、この言葉を聞いて、心底会社のために積極的に行動を起こそう、やり遂げようといった意識がわき上がってくる人は少ないのが実際のところではなかろうか。

その一方で、人は本気にならないと知恵も馬力も出ないものである。そこで活動開始にあたっては建前論だけでメンバーを動かそうとするのでなく、ワンクッションおいて活動の当事者一人ひとりにとっての活動の意味合いを見出す場、すなわち「自分事化の場」を設定するのである。そして、自分にとっての活動の意義を自問自答させる。その場ですぐに気づきがある人もいるが、なかなか納得できる回答を見出せない人もいる。それでもこういった課題を投げかけることで、活動のとらえ方に対する主導権が本人に委ねられる形になり、徐々に自分のなかで気持ちが整理されてくるものである。

自分事意識を可視化するツールに「エモーションチャート」がある(図表

図表12-1◆エモーションチャート

【エモーションチャートとは】
　エモーションチャートは自らの行動の意義を明確にするツールである。
　自らの行動の自分にとっての意義を明らかにすることで、本気で自分事ととらえた行動ができるようになる。
　メンバーを動機づけるツールとしても活用可能。

①行動に対する問いかけ（基本は、背景、ゴール、プロセス）を行なう
②思いつくままに回答を発想する
③自分なりに納得できる解を探し出す
④決意のほどを文章化する

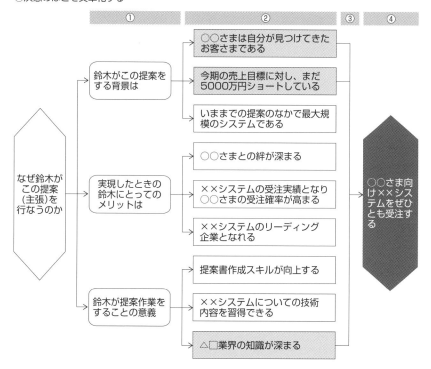

12-1）。投げかけられた課題に対し、なぜ自分が取り組むのか（取り組みの背景）、取り組みが成功したときに自分にはどんなよい影響があるか、取り組みの過程でどのような貴重な体験ができるか、知見が得られるかといった問いかけを行ない、それぞれの回答を導き出していくのである。一つでも自分に納得のいく回答が見つかれば、それを自分にとっての活動の意義とし

て常に念頭におきながら活動を進めていくことができる。

本ケースではこのプロセスを経ることなく課題解決への取り組みを進めてしまったので、担当者は活動を受け身でとらえてしまい、スムーズなスタートアップに至らなかったのである。現場には活動をやらない（活動に取り組めない）理由はいくらでもあるのだ。

自分事化については、組織ぐるみで展開する例もある。本社からの要請の有無にかかわらず、ライン部門主導での改革活動を推進するのである。当事者が業務遂行上で発生している（本社から言われなくても解決しなければならない）問題や業務のやりにくさなど、現場で実際に発生している課題をテーマに据えて改革を進め、その推進成果を本社からの要請に対するアウトプットとしても活用するのである。こうすることで、現場では受け身の意識から主体性を持って推進するように大きく変わる。

3◆「即決改善」で通常業務から無駄を省き時間を捻出する

担当者がみな、やる気になったとしても、それだけで活動が継続されるわけではない。もう一つ重要な要件として、活動の時間捻出があげられる。活動は精神論だけで進められず、それなりの時間を要する。通常業務をとめるわけにはいかないので、いきおい、そのうえに改革活動がプラスされる形となる。一方で労働時間に対しては労務管理面や人件費面から制約が課せられている場合が多い。

活動による負荷増と労働時間短縮のトレードオフ状態のなかで、両方を進めていかなければならない。さまざまな仕事がジグソーパズルのピースのようにピチッとはまることなどまずありえず、なんとかやりくりするのが仕事である。

そこで活動の初期によくとられる方法が、「即決改善」である。これは現業務の無駄取りを簡易的に行ない、活動推進の余地を少しでも捻出しようという取り組みである。

現業務内には、問題点も解決策も見えているが、組織として意思決定がされないためにそのまま放置されている課題が存在する。これらは解決できたとしても大きな改善効果が得られるわけでもないものが多く、これまでの問題解決の取り組みでは優先順位が低く、放置されてきた課題である。それら

に脚光を当て、スピーディーに解決を実践していこうというものである。

職場のメンバーが集まりライン長主導で問題を検討し、ライン長の権限で解決できるものであれば、即断即決で実行に移す。はじめは見えていなかった埃（問題点）も叩けば（検討を続ければ）出てくるものである。そして塵（小さな改善）も積もれば山となる。思ったよりも多くの時間が捻出できるものである。この取り組みでは、そのほかにも日々の業務遂行のなかでスッキリ化、スムーズ化が体感でき、活動に対する拒絶感も縮まってくる。

本ケースでは、せっかく前向きに取り組む気になった伊達に対して早い時期にこの即決改善を仕掛けていれば、もう少し進捗が得られていたかと考えられる。

4◆犯人捜しから対策検討へ

問題が発生すると、まず最初に、その状況（深刻さの度合いなど）を確認し、次に「なぜ発生したか？」の原因究明が行なわれる。原因が見えたところで、対策の検討となるが、職場では、ここで犯人捜しという横道への脱線がよく発生する。

問題発生は報告をする側も受ける側も、けっして心地よいものではない。報告側はどうしても自分に非があることを避けようとする。その結果、責任回避的発言が多くなり、原因追究のはずの議論が、いつの間にか「だれが悪いんだ」という犯人捜しの場になりかねない。こうした事態が続くと、自分は犯人になりたくない、とだれも問題を顕在化させなくなってしまう。

起こってしまった問題の発生原因やその責任の所在を追及しても問題は解決しない。本来であれば、犯人捜しはとりあえずおいて、議論をどう解決するかという内容にすべきであり、こういう議論を続けていれば、自分の問題が組織的に解決されるというメリットを感じることができ、問題を隠蔽するといった行為は見られなくなる。

本ケースでは、2ヵ月後のミーティングがまさしくその場に該当する。山城は感情的にならずにこれからどうするかを議論する場に振っていけば、本音ベースの議論につながり、よい知恵が生まれた可能性もある。

5◆組織員全員で問題解決を分かち合う

組織的問題解決を推進する際に求められる価値観が「分かち合い」である。

問題を起こした当事者だけにその解決を押しつけるのでなく（本人でなんとかなる問題であればとっくに解決している）、組織員全員がそれぞれの役割や権限を意識しながら問題解決を分担していこうというものである。

たとえばスケジュール遅れが発生した場合には、担当層は残業して遅れを挽回するぐらいしか打つ手はないが、上司であれば、他部門とのスケジュール調整を行なったり、他部門からの応援を仰ぐなどの策も考えられる。それでは当事者を甘やかすという声も聞かれるが、まずは問題解決が第一義であり、対応が落ち着いたところで本人に冷静にフィードバックしたほうが効果的である。

大野課長からクレームがあったときに、山城課長がすぐに動いていれば問題が大きくならなかった可能性もあり、この点も分かち合いに該当する。

(伊藤冬樹)

プロジェクト運営

13. 合併企業のシナジー発揮

設問

　D2プロジェクト（新製品開発プロジェクト）におけるシナジー発揮のための活性化施策を企画してください。
- **ねらい**　合併企業で起こっているいくつかの場面を通じて、真の意味でのシナジーの発揮を知り、その実現のための条件とポイントを探り出す。

ケース

●主な登場人物

　登場人物は全員、ファイン計測株式会社（FK社）社員。ファイン計測は、産業計測株式会社（SK社）と株式会社ファインメジャメント（FM社）が1年前に対等合併し設立された会社である。

永岡主任：D2プロジェクトメンバー、35歳。旧SK社所属。なかなか一体化しないプロジェクトに対し、なんとかしたいと思っている。

足立リーダー：D2プロジェクトリーダー、39歳。旧FM社所属。トップダウンでのプロジェクトマネジメントには長けているが、人心掌握は苦手。

島崎主任：D2プロジェクトメンバー、30歳。旧FM社所属。FM社時代は足立リーダーのもとで働く。ストレートな物言いは、長所でもあり短所でもある。

芦沢主任技師：D2プロジェクトメンバー、52歳。旧FM社所属。合併以前のSK社に対する対抗意識が強く、それがいまだに抜けていない。ファイン計測では技術系の管理職待遇の専門職に「主任技師」という役職名をつけている。

池田主任技師：D2プロジェクトメンバー、46歳。旧SK社所属。永岡の先輩だが芦沢主任技師の鏡像のように、旧FM社に対する対抗意識が払拭されていない。

山口リーダー：C2プロジェクトリーダー、42歳。旧SK社所属。SK社時代は永岡の上司。ヒューマンスキルに長け、プロジェクトをうまくファシリテートしている。

●プロジェクト発足の背景

　産業計測（SK社）とファインメジャメント（FM社）が対等合併してから1年が経つ。SK社は設立75周年を迎えた老舗であり、一方のFM社は創業者が開発した画像処理技術を核に設立後、急成長したベンチャー企業で設立23年を迎える。両社はかつて競合相手として競り合っていたが、計測器業界のグローバル化が進み、アメリカ、ドイツの老舗企業に対抗するために大同団結した。関係者からは合併によるスケールメリットの発揮や、互いの強みの技術（センサー技術と画像処理技術）のシナジー効果を活かした新商品の開発等が期待されているが、その生い立ちの違いからか社風がだいぶ異なり、業界を知る人からは今回の合併を体育会と同好会が一緒になったようだと揶揄されるなど、その効果を疑問視する声もある。

　会社としては相乗効果を出すためにいろいろな取り組みを行なっている。たとえば業務効率化と両社社員の交流促進を兼ねて、事業所間での職場移動を行なったり、一つの職場内でも、上司と部下の出身会社をあえて異なる編成としたりして、形のうえでは急速にミキシングを進めてきた。また、技術交流会を催したり、互いの職場紹介記事を社内報に連載したりもしている。

　さらに、「D2プロジェクト」と呼ぶ、社長肝いりの新製品開発プロジェクトも設置された。D2とは夢（DREAM）の設計（DESIGN）を意味し、合併のシナジーを早急に体現化することを目的としたものである。永岡は、このD2プロジェクトのメンバーである。SK社出身の技術者で入社以来、15年の経験に裏づけられた技術力と前向きな姿勢が買われてメンバーに選抜された。

● D2プロジェクトの現状

　D2プロジェクトは、両社の強い技術の相互交流を推進し、合併前の両社では不可能だった新商品の開発をミッションとして合併と同時に設立された。FM社のプロダクトマネジャーの足立をリーダーに、両社から精鋭8名をメンバーに選出して結成され、2年以内の新製品開発を目標としている。

　合併効果をアピールする旗頭として位置づけられており、キックオフ時にはマスコミの取材も受けて脚光を浴びるなど、新会社の期待を一手に受けたプロジェクトではある。ところが当初予定どおりであれば、すでに製品仕様が固まり図面作成に入っているはず、いまだに仕様が固まっていない。そもそも、メンバーの行動が萎縮していて、議論をしても発散するばかりでなかなか結論が出ない。やっと決まった事柄もあとでまた紛糾し、手戻りになることが多い。

　その一番の原因は、メンバー間でコミュニケーションが十分にとれていないことにあるようである。隔週のプロジェクトミーティングは開催されているが、その場での会話はギスギスしていて、いまだに本音ベースでの話ができていない。

　メンバー間の親睦のためにプロジェクト発足時には食事会を開催し、相互交流をはかったが、その後は「また時期をみてやりましょう」と言いながら、旗振り役も現われず、未開催のままである。いまは業務時間内の進捗ミーティングをメインとした業務上・形式上のコミュニケーションのみになっている。永岡が「親睦会、もうやらないんでしょうかね」と同じSK社出身で先輩の池田に問いかけても、「まあ、毎日会っているんだから、いいんじゃない。仕事上で必要な情報伝達ができていれば、ベタベタ仲良くする必要もないよ」と消極的な返事しか返ってこなかった。

● 進捗ミーティング

　ある日の進捗ミーティングで、リーダーの足立が、「今回の新商品の基本仕様を決めたいと思います。まずはどの価格帯をねらうかですが、ローエンドの汎用型でいくか、ハイエンドの高級機でいくか、みなさんから意見を伺いたいと思います」と切り出した。

　だれも口を開こうとしない。しばしの沈黙。
「だれも意見はないの？　意見を聞こうとすると、いつもこうなんだよね。じゃあこちらから聞くしかないのかな。島崎さんはどう？」

島崎が面倒くさそうに応える。
「特にありません。どっちでもよいのではないですか。リーダーが決めてくれればそれでいいですよ」
島崎は足立とはFM社時代からの先輩後輩の関係なので歯に衣着せずにズバッとものを言う。
「まったく、もう少し自分のこととして考えてくれたらいいのに。じゃあ、永岡さんはどう？」
「私は、今後の海外企業との競合を考えると、他者が追従しにくい高級機市場をねらうべきだと思います」
すると、旧FM社の芦沢が続ける。
「高級機を出すためにはサブミクロンオーダーの測定技術が必要なのだけれど、それだけの解像度を持つ技術がうちにはないじゃない。SKの技術開発はもう少し進んでいると思っていたけど、ふたを開けてみたら全然低レベルじゃない」
今度は旧SK社の池田が反論する。
「そんなことはない。いまの測定技術のレベルでも十分にお客さんの要求に対応できる。それよりも重要なのはこの情報をいかに測定者にわかりやすく表現できるかなんだ。ここは旧FM社さんの得意分野だと聞いていたけれど、これまでまったく見えていないよね。これではせっかくの測定データも宝の持ち腐れになってしまうよ」
「まあまあ、そう言わないで…」。足立は池田の言葉にカチンときたが、出身会社が違うので遠慮してはっきりとものを言えない。
ミーティングはだいたい、こんな議論の繰り返しになってしまう。メンバーはいまだに旧2社を意識しており、相手の技術のケチつけに終始し、歩み寄りの姿勢がまったくみられない。そもそも、プロジェクトに対して納得している人も少なく被害者意識を抱きつつ参加しているため、だれも主体的に進めようとしない。これでは決定事項に対する納得も得られず、一度決めた内容があとでぶり返すことが日常茶飯事というのもさもありなんといった状況である。

● 酒場でのガス抜き
その日の夕方、場所は変わって新橋駅近くの焼き鳥屋で永岡らプロジェクトの旧SK社メンバーが杯を交わしている。
「やっぱり、気心の知れたSKメンバーで飲むのが一番いいね」

「そうだよね。だいたい、FMのメンバーはメンバー同士でも飲みに行ったりもしていないようだね。ただ、仕事をしているだけで、あとは互いにわれ関せず、といった感じで味もそっけもない。仕事をしていても楽しいのかね？ そんなメンバーとでも一緒に仕事をしないといけないことは頭ではわかっているんだけれど、どうしても行動に移せないんだよなぁ」

「わかる、わかる。だいたい、きょうの芦沢さんのものの言い方は何様だと思っているんだ。あの言い方をされたら、まともに話をしようという気も失せるよ」

杯はさらに進む。

「こんな状態でプロジェクトを発足させるなんて、トップ層は何を考えているんだろう。結局、外しか意識せずに、俺たちのほうはほとんど見ていないんだよな。自分たちが命令すれば、何のためらいもなしに言われたとおりに動くと思っているんじゃないの。俺たちはロボットでない、心を持った生身の人間なんだから、もう少しそのへんを配慮したやり方があってもいいと思うんだ」

その場に参加していた永岡は話の内容に半分は同意しながらも、「この状況がいつまで続くのだろう、このままでは自分もメンバーもみな、つぶれてしまう、なんとかしてメンバー全員が同じ方向を向いてプロジェクトが進んでいく状態を実現したい」と思っていた。

● 足立リーダーに直訴

ある日のこと、永岡は足立リーダーと二人で外出した。ファイン計測にとって今後、重要なお客さまとなる極東化学に、新製品に対する生の声を聴くために訪問したものである。もともと足立とのつき合いもあった会社なので、打ち解けたなかで有意義な話ができた。合併についても前向きにとらえていて、今後への期待の言葉も多くいただいた。そのなかでD2プロジェクトに対しても示唆に富んだ話を聴くことができた。

その帰り道、互いに気持ちが緩まっていた二人は食事でもしていこう、ということになった。その席で、永岡は思い切って足立リーダーにプロジェクトの状況についての問題意識を伝えた。

すると足立リーダーもまったく同じ認識でいることがわかった。またリーダーという立場上、進捗遅れに対し危機感を持っていて、ときどき無理やりでも強権発動で意思決定するのは、その焦燥感からだということがわかった。しかしあとで反論されて手戻りになってしまい、結果として遅れが増すといった悪循環に陥っ

てしまう、と愚痴を言っていた。旧FM社のメンバーも旧SK社メンバーと同様の状況認識で、悪気はないのだが、相手を意識しすぎてしまって解決のきっかけも得られず、膠着状態に陥っているという状況であることもわかった。

　永岡は足立から次のような依頼を受けた。

「隣のプロジェクトは順調に進んでいるんだよね。プロジェクトリーダーの山口さんは、SK社のときの永岡さんの上司だよね。私からは直接聞きにくいので永岡さんから一度どんな手を打っているのか聞いてもらえないかな」

「わかりました」。永岡は、これはそもそも自分の役割かと疑問に思いながらも、プロジェクト進捗に少しでも貢献できればと了解した。

●C2プロジェクトの状況

　ファイン計測ではもう一つのプロジェクトが稼働していた。C2プロジェクト（顧客（Customer）創造（Creation）プロジェクト）と呼ばれ、5年後のFK社のマーケティングの姿を描き出そうというものである。D2プロジェクトと双璧を成すプロジェクトとして社内でも注目されている。

　C2プロジェクトの進捗は順調であり、メンバー間の関係も円滑だという。永岡は足立の命もあったので、C2プロジェクトリーダーでSK社時代の上司の山口に話を聞きにいった。

　山口からは次のような話を聴くことができた。

「初めはやはり緊張して互いに距離を取っていたが、ある日のミーティングを境にガラリと雰囲気が変わったんだ。そのミーティングをわれわれは『自分バラシ』と呼んでいる。自分バラシとはメンバー全員が、一人ずつじっくりと時間をかけて行なう自己紹介のことなんだ。ほとんど一日かけたミーティングだったが、そのあとでは、それぞれが打ち解けて率直に会話ができるようになったんだ。それまではちょっとした意見の違いでも、氷の裂け目が広がるようにどんどんエスカレートして、結局は物別れに終わる、というパターンに終始していたのが、一度、話が弾みだすとすべてのやりとりがうまく回るようになった。ミーティング後も意見の違いは起こるけど、それは自分にないところだ、とお互いにとらえられるようになるなど、積極的に意見を聴き、受け入れ合うように大きく変わったんだ」

　話を聴きながら永岡は、まさしくD2プロジェクトが求めている状態があると思った。そのきっかけが自己紹介だなんて、そこにどういう意味があるのだろうか。われわれもメンバーの自己紹介は、プロジェクト発足の日にとっくにやったのに、

うちではどうして率直な会話にならないんだろう。
　この疑問を察したかのように、山口は続けた。
「メンバー間の壁がなくなっても、ただそれだけではプロジェクトは進まないんだ。それだけだと下手をすると仲良しクラブになってしまう。実はプロジェクトが順調な理由はもう一つある。いまでは、各メンバーがプロジェクトの目標をはっきりと理解している。それもどのようなアウトプットを出すかだけでなく、プロジェクトの推進によって、自分たちや、自分たちのチームがどうなりたいか、といった目標もあわせて持っているんだ。これらの目標はメンバー全員で議論し、明らかにしたものなので、全員が共通の理解をし、当然納得もしている。だから、目標達成に対するメンバー一人ひとりのコミットメントはとても強いものになっているんだ。こういう基盤があるので、各人は目標達成のために自分のやることを暗黙の了解のうちにわきまえて仕事をしている。そこには傍観者は一人もいない。また自分のことだけでなく常にほかのメンバーの状況にも気を配っているので、調整事項が発生したときにはすぐに集まって議論ができる。だから手戻り仕事が非常に少なくなっているんだ。さらには、積極的に議論をするなかで、新たな発想も数多く出てくるようになったんだ。まさしくシナジー発揮の瞬間だよ」
「プロジェクトの目標を共有するなんて当たり前じゃないか。うちのプロジェクトでも目標はみんながわかっているはずだ。それなのになんでこんなに動きが違うんだろう」
　山口の話を聴いてプロジェクト推進のために行なうべき事柄のポイントはつかめたが、それらはD2プロジェクトにおいてもすでに実施できていると思われることばかりである。C2とD2とでは何が違うんだろうと、さらに細かく聞こうと思ったのだが、山口にD2プロジェクトの状況をうまく言葉にして伝えらえず、このときの話はここまでになった。
「貴重なアドバイスをありがとうございました」。永岡は山口にお礼を言いながらも、両プロジェクトに大きな違いがなぜ生じているのか、腑に落ちてはいなかった。

●セミナーで目から鱗
　ある日、永岡がときどき訪れているビジネスサイトの告知に目がとまった。「信頼・貢献バリューを基軸としたチーム活力向上セミナー」の案内である。
　永岡は信頼・貢献バリューという言葉に惹かれるものを感じ参加申し込みをした。半日のセミナーだったが、個々人の意識の壁を破り、共通の目標に向かって役割

分担し、シナジーを発揮するストーリーが臨場感を持って語られ、興味深い内容となっていた。

> ［チーム活力向上ストーリー］
> 　メンバーが出会い、チームとしての活力を発揮するまでのプロセス。
> ①肩書きを外して互いを一人の個人として認識し合うことで「信頼感」を醸成する。
> ②相互の信頼を前提に対話を進め、両者の「違い」を前向きにとらえ、相互理解を深める。
> ③チームタスクに対しメンバーにとっての共通の納得できる目標（意義）を見出すことで、「貢献意欲」を引き出す。
> ④自己中心でなく全体最適の視点で各メンバーの役割が設定される。
> ⑤交流のなかから新知識が生み出されシナジーが発揮され、活力あるチームが実現する。

　ここに、いまのプロジェクトの状況を打破するカギがあると感じた永岡は、セミナー終了後に思い切って講師に、D2プロジェクトの現状と山口に聞いたC2プロジェクトの状況を伝え、同じことをやっているのになぜ状況に違いがあるのか悩んでいる旨を打ち明けた。

　講師からの回答は、まさしく目から鱗が落ちるものであった。

「確かに形のうえではD2プロジェクトとC2プロジェクトでは同じことをやっていますが、ちょっとした仕掛け方の違いが大きな効果の差を生み出しているようですね。この違いは、そこで話された内容がどれくらい、それぞれの人の気持ちに響くような内容になっているか、から生じているのです」

　永岡は、わかったような、わからないような微妙な顔つきで聴いていた。すると講師はたたみかけるように続けた。

「たとえば、他人と話していて距離感がグッと縮まったと感じるのは、相手の自慢話を聞いているときと、相手の失敗談を聞いたときのどちらでしょうか。また、他人からただ、やれ！　と言われた事柄に対して、本気で全力を出そうと思うでしょうか」

「なるほど！」

　セミナー会場を出た永岡の顔は見通し感が得られたことから、明るいものに変わっていた。

●活性化施策を足立リーダーに提案
　永岡がセミナーに参加して2週間後、足立に相対する永岡の姿があった。
「これから、D2プロジェクトの再スタートプランを説明します。プランは大きく2つに分かれます。まず一つはプロジェクトメンバー間の壁をなくすための働きかけです。もう一つはプロジェクト推進のために、みんなの持てる力を出し合い相乗効果を生み出すための働きかけです。ともにややこしいものではありません、2回の議論の場を設定できれば大丈夫だと思います。あとは自然に動き出します。ぜひともやらせていただきたいと思います。まずはじめに…」

解　題

　目まぐるしく変わる事業環境に適応するため、企業内での組織改編や、さらには企業間の合併が頻発している。

　新しい組織ではこれまで異なる組織に所属していたメンバーが一刻も早く互いを認め合い、チームビルドされ、新しい目標に向けた行動がはじまることが求められる。ところが現場では互いに様子見が続き、一緒の仕事どころか日常会話もままならない状況が見受けられる。金融業界では一時期、統合再編が続いたが、その後10年を過ぎても「あの人は旧〇〇だ」といった声が聞かれたといわれている。このように、統合時の軋轢は時間が解決してくれる、と楽観視しているわけにもいかない。

　経営側も手をこまねいているだけでなく、合併の旗印的プロジェクトを立ち上げたり、上司と部下をスクランブルに編成し交流をはかろうとしたり、また仕事外でもコミュニケーションの場を広く設定するなど、さまざまな手を打っている。

　しかしそれらの施策は、物理的な接点づくりにすぎず、心理的距離を近づける、きめ細かい働きかけとはなっていない。本ケースでも、D2プロジェクト結成当初は親睦の場や進捗ミーティング等の交流の場はあったものの、心理的距離を近づけるまでには至らなかったようである。

信頼・貢献バリューの醸成

　本ケースで、セミナーのテーマとして掲げられた「信頼・貢献バリュー」とは、活力ある組織の最底辺に位置する重視すべき価値観である。その概要を補足する。

1◆信頼・貢献バリューが取り上げられる背景

　信頼・貢献バリューは、目新しいものでなく戦後の日本企業が持ち合わせていたコアバリューであり、日本企業が世界の列強と肩を並べられるようになった原動力の一つといわれている。

　高度成長期の日本企業は、社員の超人的ながんばりによって成長してきた

が、その原動力が「信頼・貢献バリュー」の存在である。経営者は従業員に対し、終身雇用、年功型賃金、手厚い福利厚生施策、企業内組合といった制度や仕組みを通じて信頼メッセージを送り、それを受けた従業員は「会社のために、仲間のために一肌脱ごう」といった貢献意欲を発揮し、がんばりにつなげていった。

その後、「成果主義」に象徴されるマネジメントスタイルが脚光を浴びた時期もある。個人の成果に対して処遇で報いるというコンセプトで、成果を出した社員には破格のボーナスが支給されるなど、マスコミでも話題になった。このマネジメントスタイルは、会社と個人をクールな「契約」の関係で結び、仕事を進めていこうとする合理的な仕組みではあったが、一方でメンバーが個人プレーに走りチームワークが軽視される傾向が出てきたり、理屈にそぐわない無理な仕事は担当が受け入れないといった弊害も発生した。

このように成果主義型マネジメントの限界が露呈するに従い再び、信頼・貢献バリューによるマネジメントが脚光を浴びるようになった。

2◆信頼と貢献意欲の関係

信頼・貢献バリューが発揮されている状態とは、メンバーが他者（組織）への貢献心を持ち、目標達成に向けた自発的行動が生まれ、シナジーが発揮されている状態である。メンバー同士、メンバーとリーダー、メンバーと組織の間に信頼関係が構築されると、メンバー内に他者に向けた貢献意欲が生まれ、仲間のために、もしくは組織のために一肌脱ごうという行動がとられるようになる。このような信頼・貢献バリューが、活力が高まっているチームの底辺には流れているのである。

①信頼は、相手を認めることから始まる

本ケースで何度も出てくる「心理的距離」とは、旧所属や肩書、階級といった「裃」や利己主義からくる保身の殻が発生させているものである。しかしながら旧所属、肩書は単なる符号であり、虚像にすぎない。みな、この虚像を実像と勘違いし、それに怯えているのである。

信頼関係構築の第一歩は、この虚像の裃を脱ぎ合うことからはじまる。裃のなかからは、同じ営業マン、同じ技術者、同じ製造担当者、同じサービスマン、同じスタッフ等々、同じ人間がみえてくる。そこには、程度の差はあ

れど、数多くの修羅場を経て、挫折経験、そして成功体験を踏み、傷だらけになりながらも強い意志をもって泥臭く生きている人間像が現われてくる。この「人となり」がみえると、心理的距離感がぐっと縮まり親近感もわいてくる。そうすると相手を受け入れられるようになり、いわゆる信頼関係が構築されるのである。

　信頼関係ができるとオープンマインドが形成され、余計な気遣いなしで相手の話の内容を素直に受け取れるようになる。仮に両者の考えに違いがあっても、それを問題として考えるのでなく、新たな何かを生み出すチャンスと前向きにとらえられるようになり、つまらない意地の張り合いもなくなる。

②信頼関係から貢献意欲が生まれる

　貢献とはある物事や社会のために役立つように尽力することであり、相手を仲間として認めていること、つまり信頼関係が構築されていることが大前提となる。経営者・会社と社員との信頼、管理者と社員との信頼、社員間の信頼、これらの信頼関係が確固たるものになることで、本人はそれに応えて組織、管理者、他メンバーへの貢献意欲が形成される。

　貢献意欲があると、上司からの無理な依頼（指示）であっても、「あの人の依頼なら仕方がない！　がんばってやろう！」と、理屈では生み出されない行動につながるのである。

③目標の自分事化により貢献行動が促進される

　仕事には必ず目的、目標がある。それを明確にすることが大前提だが、実際の行動につなげるためには、目標を自分事化することが必須である。

　目標の自分事化とは、その目標が自分にとってどのような意味合いを持つのかを明確化し、納得ずくで目標達成に対しコミットすることである。目標に対して受け身になっていたのでは、それはノルマにすぎず、ネガティブにしかとらえられない。それでは、目標達成のために自ら貢献しようという意欲は生まれず、知恵も枯れてしまうばかりか、自分に火の粉がかからないよう、知らないふり、無関係のふりを決め込むといった状況に陥ってしまう。目標が自分事化されて初めて貢献行動につながる。

　目標を自分事化するためには、自らに以下のような問いかけを行なう。

◆ 自分がこの目標に取り組む背景は何か

- 目標が実現したら自分にとってどんな便益がもたらされるのか
- 目標達成プロセスに、自分のためになることがあるか

　これらの問いかけに、一つでも自分が納得できる答えが見出せれば「自分事化」が達成されたことになる。

④目標をチーム全員で共有する

　目標の自分事化はチームレベルでも推進する。チームの目標を明確化し、共通認識とすることは、プロジェクトマネジメントの面からも必須の項目である。それと同時に目標達成がチームにとってどのような意味があるのかを明確にし、チーム一丸となって目標達成に取り組む機運を高めるのである。

活性化施策（解題）の検討

　D2プロジェクトの活性化施策として、永岡はどんな提案を行なったのだろうか。永岡が出席したセミナーの「信頼・貢献バリュー」のポイントを参考に具体策を検討してみよう。参考までに、2つの例を紹介する。

1◆袴を脱ぐ、殻を破る場の設定［施策1］

　具体的施策の一つに自分紹介がある。プロジェクト立ち上げなどで新たなメンバーが集まったときは形式的、表層的なものではなく、個々人の人となりが表わされる場を設定するのだ。家庭、趣味などのプライベート面を出したり、自分の仕事観やこれまでの印象深い自分の体験を紹介してもらう。

　事前にフォーマットを提示するなどの工夫するとよい。また、時間もできれば一人30分はとりたい。

　また、聴く側に対しても集中して聴くことを促す仕掛けを施す。たとえば「お近づきシート」といった、自分紹介内容に対する所感や質問を記述するシートを作成し、発表者一人ひとりに手渡す方法がある。このような仕掛けを通じて、メンバーの自分紹介をじっくりと、相手の経験を感情移入して聴くことを促し、相手の気持ちについて考えるよう仕向ける。こうすることで、相手も同じ気持ちでいることがわかり、肩の力が抜ける。

　ある企業でこの自分紹介を実施したところ、メンバー15名の自分紹介にほとんど1日が費やされたが、参加者からは「時間を感じなかった。あっという間に終わった感じで、もっと聞いてもよい」といった声が寄せられた。

また、裃を脱ぐことの効果を実感したメンバーの一人からは、「組織の壁なんかない。自分の意識で勝手につくっていたのだ」という言葉も聞かれた。

2◆目標設定の場の演出［施策2］

もう一つの施策は、目標設定の場の演出である。プロジェクトの目標は、経営層から提示されたものだが、そのほかに、プロジェクトメンバー一人ひとりの目標を設定すると、プロジェクトに対する自分事意識が著しく高まる。

具体的には、以下の4ステップを踏む。

①具体的アウトプット要件を確認する

まずは、プロジェクトのアウトプットをできるだけ子細に書き出す。これは想定でも構わない。こうすることでプロジェクトに対するメンバーのイメージのすり合わせが進む。

②会社にとってのプロジェクトの意味合いを確認する

プロジェクトの背景として経営層から語られてきた内容を確認し、認識を深める。組織に対する貢献意識の強い人はここで本人も動機づけされるが、ピンとこない人も少なくない。

③チームにとってのプロジェクトの意味合いを明確化する

プロジェクトを推進することで実現したいチームのイメージを明らかにする。たとえば、「両社の保有する技術を棚卸しし、技術的シナジー発揮戦略の基礎情報が整備されている状態」などである。チーム活力を高めるには、この点が明確化され、メンバーの納得度が高いほどチームは活性化する。

④個人にとってのプロジェクトの意味合いを明確にする

個人としての貢献行動を促すためには、一人ひとりに対する気配りが求められる。各人が自分にとってのプロジェクトの意味合いを検討し、その内容を共有化することで、チームの結束もより固くなる。

このように上記①～④のプロセスを経ることでチームの活性化の基盤は整い、スムーズなプロジェクトの推進とシナジーの発揮につながっていく。

これらの施策はあくまで一例である。このほかにも、信頼・貢献バリューを基軸とする、たくさんの施策が考えられるであろう。それぞれの職場で、状況にあったワクワクする施策を編み出していただきたい。

（伊藤冬樹）

14. ナレッジ共有による指標改善の取り組み

ナレッジ活用

設問

　田中課長および主任二人の取り組みについて問題を整理し、今後の改革の進め方を考えてください。

- **ねらい**　日ごろ、報告資料などにもとづき現場を評価することの多い管理者が現場の改善を働きかけても、結果が思うように上がらないことが多い。管理者の取り組むべきことは何か、状況把握と現場支援にあたり、何が必要かを明らかにする。

ケース

●**主な登場人物**

佐藤本部長：通信販売事業会社の営業本部長、50歳。商品の販売戦略立案・販促活動からお客さま対応（受注、アフターサービス）まで、幅広く管轄している。カスタマーセンターの運営は田中課長に任せている。

田中課長：カスタマーセンター（営業支援・お客さま対応部門）の統括責任者、45歳。昨年、センター長として当該拠点に赴任し2年目。センター歴の長い鈴木を頼りにしている。

鈴木主任：カスタマーセンター（営業支援・お客さま対応部門）の管理者、35歳。5年前に営業からセンターへ異動。センター管理者のなかでは最古参。

吉田主任：カスタマーセンター（営業支援・お客さま対応部門）の新任管理者、

30歳。センターへ異動してきて6ヵ月。ようやく、センターの業務内容を理解したところである。

● 鳴りやまない電話

きょうも朝から電話のベルが鳴り響いている。主任の鈴木と吉田が駆け回って担当者たちをフォローしている様子が見える。この電話に対応できそうな者は、いないだろうか…。お客さま対応部門の統括責任者である田中は机の上の端末画面をじっと見つめながら考えていた。

画面には、各担当が「何の業務をどのくらいの時間、継続して行なっているか」が表示されている。うーん、だめだ。みんな、ほかの電話に出ているか、応対後の受付事務処理中だ。あぁ、今月もまた部長に「受電できずに取りこぼしている」と指摘されてしまうだろうと月末の会議が思いやられた。

お客さまをお待たせしたくないという気持ちはある。しかし、実際に電話を受けられる人はいないじゃないか。担当者の数が足りていないのではないか？　でもこれ以上、人を増やせるほどのコストはかけられないと言われるし…。

「電話が鳴っているよー」（できるだけ早く終わらせて、次の電話に出てくれ）。鈴木の声が部屋に響いていた。

● 月末報告会にて

月末の会議で田中は次のように報告した。

田中「今月は6万件のお電話に対し、対応できたのは5.2万件です」

佐藤「おいおい。先月よりも悪いじゃないか。受注につながるお問い合わせかもしれないのに、そんなに取りこぼしてどうするんだ。先月は、新商品のお問い合わせが増えて手間取ったからだと聞いたが、今月はどういうことだ」

田中「申し訳ありません。お問い合わせの数は先月と比較しても落ち着き、新商品のお問い合わせそのものにも対応できるよう教育はしているのですが。これは、やはり対応できる人数の問題ではないかと…」

佐藤「本当にそうなのか？　ちゃんと対策はとっているのか？　人を増やさないと無理かどうかを検討するのはそれからだよ。いまの要員数のまま、まずは電話を取りこぼさずに受け付けできないかを考えてみてくれよ」

田中「わかりました」

田中は、そう言ってはみたものの、困ったなあ、と思いながら、まずは主任の

二人と面談することにした。

●主任への改善要求と新たな悩み
田中「受付状況のことだけど、あれはもう、なんとかならないのかな。お客さまとの応対時間をもう少し短くするとか、あとの処理時間を縮めるとか」
鈴木「課長、お客さまにご満足いただいて電話を終えたいのに、短くなんてできるわけがないじゃないですか。処理だって、定まったやり方ですよ。担当を焦らせてミスが増えても困ります。だいたい、ミスは困るって課長がいつも言っているじゃないですか」
田中「そりゃ、そうだけどさ。でも、この数値はひどくないかな。先月よりも入電件数は落ちているのに、取りこぼしている数は多いんだよ。なんとかしてくれよ。二人に任せるから」
　田中は、とりあえず主任に依頼し、引き続き様子をみることにした。
　すると翌月は、お客さまをお待たせする状況は解消されている数値結果が示された。「なんだ、みんながんばればできるじゃないか」と田中は驚いた。「だったら最初からがんばってくれたらよかったのに…。結局、気持ちの問題か」とも思ったが、「まあ、結果的に改善されたのだからよしとしよう。これで今月からは大丈夫だな」と一息ついた。
　この1ヵ月の間、二人の主任がそれぞれ受け持つチームのお客さま対応の平均時間には、大きく差が生じていた。鈴木チームのほうが明らかに短い時間で対応していたのである。田中は吉田チームの競争意欲に働きかけようと、鈴木チームを高く評価・称賛した。
　しかしその後、状況は一変した。申し込みキャンセルやクレームの電話がこれまで以上に増えたのだ。そのような入電件数が増えたことに加え、キャンセルの手続きやクレーム対応は、通常よりもずっと時間がかかる。結果、お客さまをお待たせする状況はもとに戻ってしまった。それどころか、キャンセルやクレーム数といった数値は悪化したのである。
　「どういうことだ」。田中は再び頭を悩ませることとなった。

●二人の主任の取り組み
　鈴木チーム、吉田チームの平均応対時間は、キャンセルやクレームが増えはじめて以降は、それほど差がなくなってきている。これは、吉田チームの応対時間

が短くなっていることもあるようだ。しかし、キャンセルやクレームへの対応は全体的に時間がかかる。そこで田中は現況を改めて主任に確認した。

鈴木「課長の言うとおりに、次の電話に早く出るよう伝えただけですよ。端末に表示されている時間を見ながら、応対や処理に長くかかっている人を見つけては、早く対応するよう指示してきたんです。せっかく早く対応できるようになってきたのに、こんなにキャンセルやクレームが増えたら意味ないですね」

がっかりしながら答えた。一方、吉田は「課長に言われてから、いろいろと調べて取り組んでいたんですよ。これを見てください」と、だれがどのくらいの時間を応対と後処理に費やしているかをまとめた資料を提示した。

吉田「それぞれ、時間がかかる人には、何に時間がかかっているのか、何がむずかしいのかを尋ねてみたんです。でも、短い時間で対応できている人もいるんですよね。それなら…と、短い時間で対応できている人には、お客さまになにをどう伝えているか、処理としてどのように行なっているのかを聞いてみたんです。そうしたら、ちょっとしたコツがあるというか、ひと手間かけていることがわかりました。でも、それってマニュアルには載っていないんです。だから、その載っていないコツを、朝礼の際に少しずつ出し合って共有したんです。おかげで、全員が何かしら応対時間の短縮に取り組めたと思います」

そして最後に、「鈴木チームのほうが時間的には短く対応していると思います。でも、あとでキャンセルやクレームになっているのは、鈴木チームの案件が多いんじゃないですか。細かく調べたわけではないですし、聞こえてくる応対から想像するだけですけどね」と付け加えた。

● 現場でのキャンセル案件等の確認

田中は吉田の最後の一言が気になり、キャンセルやクレームの発生案件を拾ってみたところ、鈴木チームと吉田チームの差は歴然としていた。

〔どちらが最初に対応した案件か〕

図表14-1は「キャンセル案件の初回対応数」をチームごとに示している。吉田チームはそれほど変動がない一方で、鈴木チームの初回対応案件は数多くキャンセルされていることが読み取れる。

図表14-1◆キャンセルとなった応対案件数の比較

	鈴木	吉田
当初	450	360
翌月	580	380
翌々月	950	350

(件)

〔キャンセル理由〕

図表14-2は、キャンセル理由について、お客さまから聞き取れた結果を分析したグラフである。お客さまからの申告によるものなので、それが最大の理由とは限らないものの、「説明不足(そのような話は聞いていない)」は、鈴木チームが初回対応したものに多く発生しているように読み取れる。

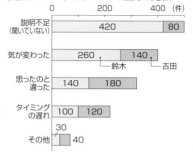

図表14-2◆キャンセル理由の比較

〔応対件数・時間とキャンセルの関係〕

図表14-3は、横軸を「1ヵ月間のお客さま応対件数」、縦軸を「キャンセルの発生割合」として、担当者一人ひとりをプロットしたものである。

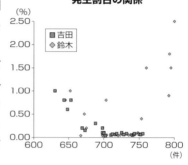

図表14-3◆応対件数とキャンセル発生割合の関係

吉田チームのキャンセル発生割合は、応対件数の少ない担当者で高いものの、それ以外は応対件数にほとんど影響が見られない。しかし鈴木チームは、応対件数にかかわりなくキャンセルの発生割合が高い傾向にある。そして、このところ田中が「応対時間が短く、受付件数も多い」と評価してきた担当者のキャンセル発生割合が高いことも判明した。

〔電話応対の具体的内容〕

田中はお客さまとの電話のやりとりに立ち会い、鈴木チームがお客さまにどのような応対をしているのかを自ら聞き取ったところ、以下の状況が見えてきた。

◆ お問い合わせに対し、一方的に商品を案内している(「そのほうが安い」というお得さ一辺倒で、お客さま事情からみたメリット・デメリットを伝えきれていない)
◆ お客さまの事情や希望は聞いているものの、早い段階でお客さまをスクリーニングし、反応がよくなければ見切って電話を終えている
◆ 「キャンセルできますから…」と、とりあえずでも申し込み受付に持ちこんでいる

*

このあと、田中は両主任とともに現場の改革に乗り出した。

解　題

課長の意図と担当者の受けとめ方のギャップ
1◆二人の主任の取り組みの違い
　鈴木は、田中が指示した「応対時間」という指標の改善のみに目を向けたため、担当者には「時間を短く！　速く対応して」とだけ伝え、その具体的な中身である「どのように応対するとよいか」は各担当者に任せていた。
　一方、吉田は応対時間の改善にあたり「どのように応対すると品質を維持したまま時間を短くできるか」に目を向けた。そして受付担当者に任せるだけでは、企業（部門）としての応対のレベルがばらついてしまうことから、
◆ どこに時間を要しているのか
◆ なぜ時間がかかるのか
から考え、担当者一人ひとりの工夫やノウハウを明らかにして、その共有につなげた。

2◆「がんばれ」の指示と受付担当者の認識
　鈴木は現場の各担当者に対し、「がんばれ」としか指示しておらず、具体的な対策はそれぞれが考え行動するよう促していた。課長である田中も、指標が変動する理由を把握することなく「なんとかしろ。二人に任せる」とだけ伝えている。田中も鈴木も「その指標の意味することは、部下もわかっているだろう」と思って特段の指示をしなかったのだろう。
　さらに田中は（おそらく鈴木も）、数値改善の兆候がみられた際も、なぜ改善されているのかを確認しないまま、「やる気」という気持ちの問題だと考えた。そして、必要以上に応対時間を短くした個々の担当者やチームをなんの疑いもなく評価してしまった。
　短期的に改善した（ように見える）数値にもとづき評価がされると、担当者のなかにはその部門の役割や指標の意味するところを深く考えないままに対応する者が現われる。そのような対応であれば、応対時間は短くなり、数値だけから「良い」担当者と評価される。そして「そのような応対でよいのだ」と認識する。ほかの担当者も「そのような応対でも評価される（むしろ、

そのような応対をしたほうが評価される)」と誤認し、同様の行動をとる者が現われる。

　一方、吉田チームは、具体的にどのように取り組めばよいかを担当者一人ひとりが考えるとともに、応対のコツや言い回しの工夫などをチーム内で共有し、「いかに簡潔に伝えられるか」意見を出し合うことを通じて応対時間の削減に取り組んでいた。

　そのようななかで、「鈴木チームのほうが高いレベルである」と評価される。吉田チームは、「なぜ、鈴木チームのような応対でよいのか」と疑問を抱きながらも、各担当は自身の判断で対応を続けていたものと想定される。そしてキャンセルやクレームが増えはじめたのである。

　今回、田中は指標という結果数値だけをみて鈴木チームを高く評価した。そして、田中と鈴木は一時的に改善した理由を確認しなかった。吉田も、鈴木チームの改善理由を鈴木に尋ねることはなく、鈴木チームの誤った対応の発見は遅れてしまった。吉田自身の考え、吉田チームの取り組みを早い段階で鈴木と共有することはなく、せっかくの良い取り組みをセンター全体で進めることができなかった。

　両主任が、取り組みの初期段階から協力し、調査結果を情報共有しあい、どのような活動を行なうべきかを話し合うといった密なコミュニケーションをとっていたならば、このような顛末は回避できたかもしれない。

指標改善に向けた取り組み
1◆管理目的の再確認

　指標は、現場の状況をおおよそ伝えてくれるにすぎず、それだけで現場の全体像がとらえられるわけではない。そのため、指標という結果数値にばかりに気をとられると、本質を見誤ることがある。

　上位者は、「その業務の目的や指標の目標水準を達成することで得られる意味を、部下も正しく認識していて、その目的・意味にふさわしい改善活動を行なうもの」として「がんばれ、任せる」と指示しがちである。しかし、今回のように「その後はどうあれ、ともかく応対時間を短くしさえすればよい」という誤った認識をしている部下や、「応対時間はお客さまに満足いた

図表14-4◆管理指標体系（例）

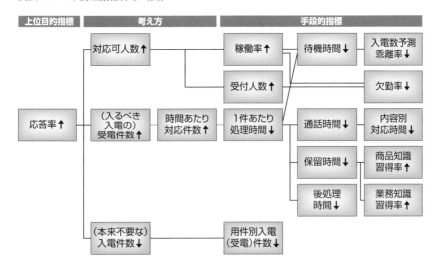

だく対応の結果なので、短時間ですますことがそもそもできない」と問題を認識すらしない部下もいる。指示を展開するメンバーに合わせて、改めてその指標の管理目的や、指標がもたらす意味を相手が理解しているか、確認することが求められる。

2◆指標間の関連と体系整理、目標水準設定

本テーマでは応答率を上げるために、応対件数、応対時間、キャンセル発生割合といった指標を用いたように、指標は複数存在し、それぞれが関連し合っている。今回のように応対時間が短くなっても、誤った取り組みによってほかの指標（キャンセル発生割合・クレーム数等）に影響を及ぼすことがある。それぞれの指標の関連を整理し、ほかへの影響も考慮しながら、どの程度のレベルをめざすのかを明らかにすることが求められる。図表14-4は、営業支援・お客さま対応部門の管理指標の体系（例）である。

3◆活動の具体化と共有、フィードバック

指標水準の改善に向けて現場をとらえるにあたっては、図表14-4に示す体系に沿って「何が問題となっているのか」「何に取り組めば改善するのか」を追い求め、明らかにしていくことが重要である。考えることは一人ひとり

に任せても構わない。しかし、その考えに誤りがあった場合は、早期の修正が求められる。また、良いアイデアであれば全員で共有し、対応にあたったほうが大きな結果にもつながる。したがって、個々の考えを収集・評価しながら展開することが求められる。

　幅広い実態のなかから問題を発見するにあたって、何を確認すべきか絞り込んでいくツールが指標である。指標体系で上位の目的指標を起点に、より細かく問題をとらえようとすると、手段的指標を確認することになる。その手段的指標をずっとたどると、最後は指標ではなく、実務の実態そのもの（ここではお客さま対応の中身）の確認に至る。

　今回、田中や鈴木は見えている指標を確認し、担当者個々人の取り組みに期待するだけで、具体的に自らかかわっていこうとしなかった。結果、個々の改善にとどまるだけでなく、短期的視点での取り組みに終始し、担当の誤認やお客さま対応の実態把握も遅れてしまった。さらには、正しく対応しているメンバーのモチベーションにも大きく影響を与えていた。

　なお、吉田が自チーム内の活動にとどまり、鈴木との部門全体の取り組みに展開できなかったのは、田中による本活動の目的の落とし込み（吉田の理解）と両主任の取り組み状況の把握不足、把握のタイミングの遅れによるところが大きい。チーム間あるいは担当者間に起こりがちな競争の弊害といえるかもしれない。この点を見直すには、一人ひとりの数値改善を評価するだけでなく、メンバー全体に寄与するようなアイデアを提供した者に対しても評価していくことが求められることだろう。

4◆改革推進上の留意点

　このような指標を起点とした改革改善活動は、日常の業務と並行して取り組むことが求められる。しかし、日常的に改善活動「指標確認→現場の状況把握→具体的な改善活動の推進→取り組みの成果検証（指標確認）」のサイクルを回していくには、最初にどうしてもそれだけの仕組みをつくり、試行する時間の確保が必要である。

　日常の業務に追われていると、問題としては認識しつつも、ついつい目の前のことを優先し、このような改善活動は後回しにしてしまいがちである。しかし、それではいつまでも改善は見込めない。それどころか、担当者個々

の取り組みによっては、状況を悪化させてしまうこともある。

　覚悟を決め、短期勝負でいったんその仕組みを構築する。そして、その仕組みを回す早い段階で、何かしらの効果を体感させることが重要である。その効果は小さなもので構わない。その効果の体感を通して各自の取り組んだ時間が報われ、全員にとって意味のある仕組み・取り組みになる。「日常の活動をしながらだから…」と長期で取り組もうとすると、時間をかけすぎて中だるみする。効果が表われるまでの時間も遅くなり、サイクルを構築し、効果を得るまでに疲弊してしまう。

　短期での仕組み構築と早い段階での効果を体感させることが、改善継続につながる。

〈皆越由紀〉

15. 成果のあがる業務改革改善活動

業務改革

設問

業務改善を成果につなげるためのポイントは何かを、リーダーの立場で考えてください。

- **ねらい** 業務改善活動はさまざまな企業で取り入れられているが、成果につながらないことも多い。業務改善の進め方と着眼点の2つの側面から、成果につながる業務改善のポイントを明らかにする。

ケース

● 主な登場人物

白石リーダー：営業企画課業務全般のリーダーであり、課長から業務改善の推進役を依頼された。32歳。

桜井課長：営業企画課長、40歳。営業企画課は事業部長スタッフとして、事業部全体の営業戦略立案、販売計画の立案・進捗管理、事業部横断営業施策の推進や各種数値管理を担っている。

高　山：課長や白石より営業企画課経験が長いベテラン担当者、45歳。

深　川：営業企画課。改善活動の推進担当者。入社5年目、27歳。西野の先輩として日常業務でもいろいろと指導している。

西　野：営業企画課。改善活動の推進担当者。入社2年目、24歳。課員のなか

でもっとも経験が浅い。

● 業務改善活動のリーダー役の打診
桜井「白石さん、ちょっといいかな」
白石「何でしょうか」
桜井「会社全体で業務改善に取り組もうという動きがあるんだけど、うちの課でもいち早く取り組んだほうがいいかと思ってるんだ。白石さん、リーダー役をやってくれないかな」
白石「はい、わかりました。業務改善はどのように進めればよいでしょうか」
桜井「本部全体でも各部・課に任せると言っているので進め方も含めて考えてほしい。うちの課もみんな忙しそうだし、残業も増えてきている。なんか業務の無駄があるのではないかと思ってね。メンバーを見ていると要領が悪いように感じられることがあったり、自分が休むと周りに迷惑がかかるので休めないなどとも言われる。事業部全体の共通課題にも取り組まないといけないのだが、みんな大変そうで、なかなか進められていないんだ。よろしく頼むよ」
　白石は不安もあったが、まずは課の定例ミーティングでメンバーと相談しようと思った。

● 定例ミーティングでの相談
白石「うちの課として業務改善に取り組もうと思います。みなさん、一人ひとりが日ごろ、改善したいと思っていることをあげてもらって改善を進めたいと思います。課長から一言お願いします」
桜井「本部全体で業務改善に取り組もうという話になっていて、うちの課も白石さんを中心に進めていきたいと思っているので、協力してほしい」
白石「進め方について、意見はありますか」
高山「毎日、忙しいなかで業務改善にも取り組むのは大変そうだけど、どんな進め方をするのですか」
白石「なるべくみなさんの負荷にならないように、早く改善案を考えて実行できるようにしたいと思います。私もがんばってお手伝いしますので」
深川「うちの課はお互いに担当している業務が違うから白石さんがサポートしようとしても仕事の中身がわからないですよね。大変じゃないですか」
白石「みなさんから改善アイデアを出してもらったら私がまとめますので、アイ

デアを出すところは協力してください。西野さん、何か質問、意見はありますか」
西野「特にありません」
白石「それでは次回のミーティングまでに、自分の業務の改善アイデアを考えて
　　きてください。よろしくお願いします」
桜井「みんな白石さんに協力してください。今後の定例ミーティングは白石さん
　　中心に行ない、状況は都度、白石さんから私に報告してもらいます」

●ミーティング終了後の会話
　白石がいない場面で以下のような会話があった。
高山「昔も業務改善に取り組んだことがあるけど、そのときも改善アイデアを出
　　せとか言われてやらされて結局、途中でうやむやになったんだよな」
深川「課長は私たちが一所懸命、仕事をしているのをわかっているんですかね。
　　改善アイデアとか言われても困ってしまいますよね。西野さんはどう思う？」
西野「自分は仕事がまだよくわかっていないかもしれないので、変えること自体
　　がよいのかどうかを迷ってしまいそうです」
高山「課長命令だし、白石さんもがんばろうとしているから、できるだけ協力し
　　ようか」

●第1回改善アイデア検討ミーティング
白石「きょうは改善アイデアを出してもらいたいと思います。高山さん、いかが
　　ですか」
高山「うちの課は全体的にITをもっと活用すべきだと思います。数値管理などし
　　ている割には手作業もあります。あと営業の各課からの報告や数値の上がり方
　　が遅いからいつも残業になってしまいますが、なんとかならないでしょうか」
白石「なるほど、確かにIT活用は遅れていますね。私から見ていても表計算ソフ
　　トの使い方が全体的に下手だなと思うことがありますね。深川さん、いかがで
　　すか」
深川「事業部の課長会議や事業部長会議の資料などの会議資料の作成が大変です。
　　そもそもボリュームが多いのに、直前まで何度も差し替えがあって」
高山「確かに大変だけど、会議に必要だし、事業部長が全体を把握するためにも
　　大事な資料なんだ。事業部長会議の資料は、質問されたときに事業部長が答え
　　られないとまずいから、あれこれ想定問答を考えてつくってきて、いまの形になっ

ているんだよ。いろいろな資料は歴代の事業部長や営業企画課長がそのときの状況に合わせて必要だと思ったものを積み重ねてきているので必要だし、増えるのはしょうがないんじゃないかな」

白石「資料の作り方はIT活用で簡単になりませんかね？」

高山「これまでも工夫してきているけど、可能性はあるかもね」

深川「うーん、IT活用が下手なのかもしれませんが、似たような資料がたくさんあり、そもそもこんな膨大な資料をみんなちゃんと見ているのかなと思うんですが」

西野「私も、かなりの時間をかけて地域別品種別担当別実績集計表をつくって共有フォルダにアップしてますが、だれもそれを見ていない気がしています。深川さんの会議資料とは違いますが…」

高山「その集計表は、たまに事業部長や他課から問い合わせがあったときに、すぐ答えられるから役に立つんだ。時間がかかるならマクロとか工夫してもっと簡単にできるようになるんじゃないかな」

深川「表計算ソフトの使い方の工夫などは私たちでできるけど、全社システムが絡むことはどうなんでしょうか。これまでもIT部門に改善要望とか出していますが、IT部門も忙しそうで、優先順位の都合などで前に進んでいませんよね」

白石「でもITの問題が大きそうだから、もう一度、提案してもよいと思います」

などの検討が行なわれた。

白石「みなさん、改善アイデアをありがとうございます。全体的にIT活用が遅れているので、もっとITを有効活用できれば改善できそうですね。この考え方で具体化していきたいと思います。きょうはありがとうございます」

● 白石から桜井課長への報告

白石「改善アイデアの検討をしたのですが、結論は全社のシステム改善や表計算ソフトの使い方の工夫などでITをもっと活用して改善していこうという話になっています」

桜井「IT活用以外の話は出ていないの？　これをやると残業は減るのかな？　いずれにしても次回はもっと具体的な改善案にしてほしい」

白石「今回はIT活用の話が中心だったので、次回はそれ以外も聞いてみます。あと、残業が減りそうかどうかも確認してみます。具体化の件も了解です」

●第2回改善アイデア検討ミーティング

　白石はIT活用によって改善できそうな業務のリストを整理してミーティングに臨んだ。

白石「いま配ったのが、IT活用で改善できそうな業務のリストです。前回の検討で、IT活用が十分でないことが問題となりました。そこできょうの検討テーマは、ITを活用するとどれくらいの作業時間の削減になり、残業が減るのかとし、業務別の改善案をまとめたいと思います」

高山「どれくらい作業時間が削減できるのかという話だと、現在、どれくらい作業時間がかかっているかをつかまないといけないなあ。この場ではすぐに書けないよ」

白石「それでは配布した資料のフォーマットをのちほどメールで送るので、各自宿題で現状の作業時間と削減作業時間を記入してみてください。それはあとで確認するとして、これで残業は減りそうですか？」

深川「あのあと西野さんと話したのですが、確かにIT活用で資料作成の時間が減るのはうれしいのですが、会議の直前での資料の変更・差し替え、課長からの急な資料の追加の依頼、営業各課からの報告の遅れなどを改善できないと残業は減らないのではと思います」

白石「なるほど。でも、それを課長に言ったり、営業各課にお願いするとなると結構大変だからなあ。自分たちでできることで取り組んだほうがよいと思います」

深川「でも、課長が残業を減らしたいと思っているなら、この話もしないといけないと思います。課長はいつも気軽に頼んでくるけど、実際は作業が大変で、時間もかかることを知らないのかもしれません」

白石「わかりました。IT活用以外の話も取り上げていきます。課長にも話をしてみます」

西野「あのあと、改めて自分がつくっている資料を見たのですが、似たような資料がたくさんありました。自分の理解不足かもしれませんが、それぞれ何のためにつくっているのかが、わからないのです。資料を統合したり、絞り込んだりできそうな気がします」

白石「うちの課でつくっている資料はたくさんあるから、それをひとつずつ具体的に見てどうするか決めないといけないけど、やりだすとかなり大変だな。どうすればいいかな」

高山「西野さんが言うような問題も、結局は元データを決めて、それをもとに、いま作成しているような資料が自動的にとか、簡単につくれればいいのだから、IT活用で対応できるのではないかな」

西野「そうですか…、自分が仕事をするうえで、その目的とか全体像がわからないままでいいのだろうかと思うんですが」

高山「仕事は経験していくなかでわかっていくものだからね。経験を積めばわかるよ」

などの検討が行なわれた。

白石「改善は課内で回せる範囲のみで実行するのかや、残業削減に必要なことは課長に相談してみます。当面はあまり時間をかけないで改善案をまとめたいので、担当している業務別にITをどのように活用するかの改善案と現状時間・削減時間を、のちほどメールで送るフォーマットにまとめて、次回のミーティングまでに提出してください」

●白石から桜井課長への報告

白石「IT活用については分担して改善案と現状の作業時間、削減できる作業時間を検討することになっています。残業の削減ですがこのような意見が出ています（第2回ミーティングで出た話を報告）」

桜井「営業各課との調整については結構大変だし、相手の事情もわかるから当面はうちの課内でできる範囲としようか。あと、私が頼んでいる資料はそんなに大変なのかな？　そんなに時間がかかるとは思ってなくて、せいぜい1～2時間くらいでできるんだろうと思っていたんだが。大変なら、これもIT活用とかスキル向上で時間がかからなくなるんじゃないかな。あまり業務改善の件で時間をかけたくないので、なるべく早く改善案をまとめてください」

白石「わかりました」

●第3回改善アイデア検討ミーティング

白石「課長の方針により、業務改善活動はまずは課内で、できる範囲で取り組むことにします。そしてできるだけスピーディーに進めよという指示なので、きょうでミーティングは第3回になりますが、みなさんに分担して作成いただいた資料を確認して、私がとりまとめて改善計画を作成したいと思います」

高山「こんな感じでまとめたけど、業務の現状作業時間・削減時間はざっくりかな。

IT活用のアイデアはマクロ活用、システム改善という感じで書いてます」
深川「作成している資料ごとに考えないといけないと思うのですが、具体的にやりだすと間に合いそうになかったので、会議の種類ごとに資料作成時間を書いてみましたが、削減時間はいまひとつ、どの資料がどうなるのかが見えないと入れられなかったです」
西野「深川さんと同じように記入してみました」
白石「記入の仕方が人によって少し違うけど、私の担当業務の分も合わせて、IT活用による効率化の改善計画をつくってみます」
高山「人がやっている仕事の中身はよくわからないけど大丈夫？」
白石「課長がスピーディーにと話しているので、いったん私がまとめます。その計画にもとづいて各自、自分の担当業務の改善を進めていきましょう」
西野「自分だけで判断してもいいのか、不安なんですが…」
白石「改善案を実施しているときに不安とか相談ごとがあれば、都度、きょうのようなミーティングで検討しましょう」
深川「本当にこの資料が必要なのかとか、こんな内容でいいのかなどの検討はしないのですか？」
白石「いったんIT活用で作業時間を短くして、そのあとで考えるのでどうでしょう？個別の検討をしていくと、みなさんの負荷にもなりそうなので。それでは改善計画をつくりますので、分担して実施してください。よろしくお願いします」

● その後の状況
　白石が改善計画をまとめ、課長にも報告したうえで、課長より改めて、改善案の実施をスピーディーに行なうようにという指示があった。
　個別に改善実施への取り組みがはじまったが、なかなか前に進まず、特に深川と西野が担当する改善テーマの遅れが目立った。それをリカバーすべく、白石と高山が中心になってIT活用策に取り組んだが、深川と西野が作成している膨大な資料のIT活用化は進まなかった。
　そして結果的に、当初予想した削減時間は達成できず、業務改善の活動も、ほかの案件や業務に追われてフェードアウトしてしまった。

解　題

　本ケースは、業務改善の成果を高めるためのポイントをつかむことを目的としている。業務改善はさまざまな企業で取り組まれているが、成果につながらないことも多いのが実情である。

改善活動の進め方
1◆目的・成果の明確化
　業務改善はやったほうがよいことはいうまでもない。ただし、その実施にあたっては、その活動の目的・成果を明確にし、関係者が十分に納得して進めることが不可欠である。

　今回のケースでは、目的そのものが不明確なままだったことが、途中頓挫の要因としてあげられる。目的を明確化するにあたっては、「残業削減・ワークライフバランス」「要員削減」「社員業務の付加価値向上」「現在できていない機能強化テーマへの取り組みのための時間資源創出」「業務改善スキルの向上」など、さまざまな要素が考えられる。そして複数の目的が設定されることもあるが、その場合、目的同士の関係が明確で相互に矛盾が生じない内容にすることが重要である。

　目標を明確にすることも大切なポイントである。たとえば効率化を目的とする場合は、「できるだけがんばる」ではなく、「現状業務の時間の30％効率化」などとし、その達成に向けて知恵を絞るようにしたい。

2◆事実にもとづく問題発見
　ホワイトカラーの業務は一般的に多種少量型であり、業務の種類や所要時間などが目に見えないことが多い。改善の出発点として、「業務に関する事実」、すなわち種類・所要時間を把握することからスタートすべきである。そして、所要時間が把握できたら、時間量の多い業務から優先的に改善に取り組むと改善効果をより高められる。

　また、業務分担が属人化し、担当者本人にしか実態がわかっていないことも多いので、推測や思い込みではなく、5W1Hなどで事実を押さえ、それを

図表15-1◆業務改善成功のポイント〜個人の問題から組織の問題へ

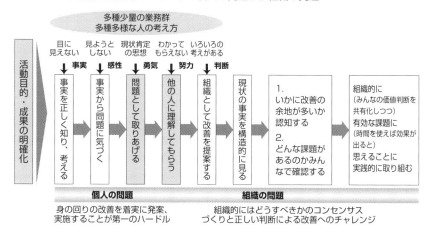

図表15-2◆業務改善の観点（業務の3要素）

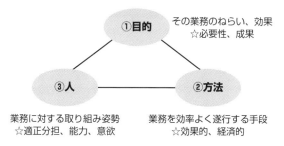

もとにまずは個々人が問題を発見し、改善課題として取り上げる。その際、「あなたは何もわかっていない」というような否定的なとらえ方はせず、提案された課題をもとに業務改善の観点（図表15-2）から多面的に検討し、問題の芽を育てる姿勢が重要である。

3◆組織としての問題共有

業務改善の検討において、問題点（課題）は何かを正しく把握せずに改善案の立案を急ぐケースが多い。しかし、業務を担当しているのは「人」なので、自分では問題があるとは思っていないことを「変更しろ」と言われて納

得感のないまま「やらされる」と、改善策がなかなか実施されなかったり、定着が進まないことも多い。それゆえ、改善策の立案の前に、「組織として見てどこに問題があるのか」を明確にし、関係者で十分なコンセンサスを得てから、検討に着手することが望ましく、改善成果にもつながりやすい。

　問題が何かをきちんと把握せずに改善立案を急ぐやり方は一見、スピードは速いが最終的な成果につながらない。業務改善の成果は、結果として「目的が達成されたかどうか」で判断されることから、組織としての問題共有に時間をかけ、実行・成果出しが短期間にできるような進め方と時間配分を推奨する。

4◆組織としての改善計画化

　前述のような点に留意して業務別の改善立案を行なったうえで、組織としての業務改善テーマをまとめ、計画化する。業務別の改善テーマについては、どのような「固まり」で取り組むとよいのか、改善テーマ間の関係性をどのようにつけていくとよいのかを検討し、構造化をはかる。そのうえで業務改善テーマの全体像をメンバー全員で共有し、改善余地がいかに多いのか、どんなテーマに取り組むべきかを明らかにする。

　このプロセスで重要な点は、改善テーマ別に改善目標、担当者、着手・完了・成果確認のスケジュールなどを計画に落とし込むことのほか、「書き物」としての改善計画を策定する検討のなかで、「みなで取り組み、よりよい業務に改善し、目的を達成しよう」という意思統一をはかることである。改善に取り組む意欲を醸成することが、実行段階でフェードアウトすることなく活動を進めるポイントである。

改善の着眼点

　業務改善というと「方法」の改善だと思われがちだが、業務を構成する3要素（目的、方法、人）それぞれについての改善検討が重要であり、それぞれの観点から多面的に問題を見出し、よりよい改善案につなげていくことがポイントとなる。

1◆目的・成果の検討

　業務は何らかの目的を達成するために行なわれているはずなので、業務の

改善にあたっては、まず目的を確認することからスタートすべきである。改めて業務の目的を問われると不明確なことも多いので、目的が不明な業務があったらまずは廃止から考える。目的が明確だったとしても、たとえば作成した資料が配布先で使われていないなど、実際には成果につながっていないこともある。そのようなものも廃止してよいだろう。目的とともに、実際の成果を事実として確認することが改善につながるのだ。

2◆方法の変更

目的が明確になったらその達成のためのよりよい方法を検討する。業務はその目的達成のために「正しく、速く、楽に、簡素な」方法で進めるべきなので、現状のやり方にこだわらず多面的に検討する。

最近はITの活用により業務の効率化につなげられることも多いが、いきなりIT活用を検討するのではなく、あらかじめ十分に簡素な方法にすることがポイントである。不必要な業務をシステム化すると、容易に変更できなくなり、非効率な業務を続けてしまうことになりかねないので留意する。また、属人化業務や個人によってやり方が異なる業務については標準化をはかる。

3◆人の分担適正化と能力向上

組織として業務を遂行するために最適な分担はどのようなものかを、職位や資格との合致、業務量のバランス、担当者の意欲を高める責任分担などの観点から検討する。また、業務遂行に必要な知識やスキルが不足している場合には、そのレベルアップの対策も明らかにする。

（蛭田　潤）

部門間連携

16. 全社的視点にもとづく業務効率化

設問

資料の授受や報告資料作成を例に、部門間連携のあり方、両者の業務効率化、コミュニケーション不足による問題点とその解決策を考えてください。

● **ねらい** 全国に営業所を持つ住宅リフォームA社は、営業部門が見積もり訪問等の本来業務へ集中できるよう、問い合わせや注文などの電話対応業務はお客さまセンターが担うこととしたところ、業務の重複や全社的視点に欠ける行動などが見られるようになった。全体最適をめざし組織間で連携・協力するポイントや留意点を掘り下げる。

ケース

● **主な登場人物**

佐　藤：住宅リフォームを行なっているA社の本部総務部、事務担当者。総務全般、庶務業務を幅広く受け持つ。28歳。A社に届く郵送物が紛失することのないように日々受領確認にあたっている。

鈴　木：本部営業部、センター統括担当。全国6ヵ所に点在するお客さまセンターの業務量の予測・実績管理を任されている。30歳。3年前までお客さまセンターに所属していた。各お客さまセンターへの作業依頼が多いものの、センターが恒常的に忙しい状況も理解している。

吉田係長：首都圏お客さまセンター業務管理課係長、36歳。首都圏お客さまセンターの業務実績を管理している。センター開設当初から所属し6年目。他

部門に対する思いを持ちつつも、最近はあきらめ感もあり、淡々と業務をこなしている。
田　　中：首都圏お客さまセンター、お客さま窓口担当3年目、25歳。業務は慣れてきたものの、手元にない情報をお客さまから求められ、苦慮しながら対応している。
高　　橋：首都圏営業部、営業担当者、33歳。千葉エリアを担当。首都圏お客さまセンターに入ったお問い合わせに対し、お客さま先へ訪問し見積もりを行なうなど日々、多くの訪問案件を抱えている。

● **資料の授受と配布（総務部⇔各部）**

　総務部には日々、各部門宛の書類が送られてくる。受け入れた書類には、紛れてわからなくならないよう、すべて採番したうえで、授受簿に「いつ」「どこから」受けたか、「どの部門宛」かが記録される。宛先別に仕分けられた書類は各部門宛のボックスに入れられ、各部門は都合のよいタイミングをみてボックスに引き取りにきている。その担当者は持ち回りのようである。

　各部門宛ボックスには、総務部で仕分けされた書類以外にも、部門内組織宛書類が多数、投函されている。したがって引取担当者は、各部へ戻った後、部門として同じように採番し、授受簿を作成している。

　総務部に書類が届いてから、該当者の手に渡るまでの流れは、図表16-1のとおりである。

　ある日、首都圏お客さまセンターの吉田は、届いているはずの請求書が見当たらないことから、きょう届いたセンター宛書類を確認しながら、お客さまセンターの引き取り・仕分け担当者に尋ねた。

吉田「ねえ、＊＊企業からの請求書って届いてないかな？　お客さまからは、送ったと連絡があったのだけれど」

　しかし、きょうの引き取り分にも、昨日までの授受簿にもそういった記録は記載されていないようだったため、吉田は自分でも部内の授受簿を確認すると、総務部へ問い合わせに出向いた。

吉田「請求書を探しているのだけれど、授受簿を確認させてもらえるかな？」
佐藤「請求書ですか？　授受簿ですね。はい、どうぞ」

　総務部の授受簿を確認して吉田は驚く。1週間以上前に受け取りの記録があった。
吉田「この請求書、うちでは受け取っていないけど」

図表16-1◆書類が担当者に届くまでの流れ

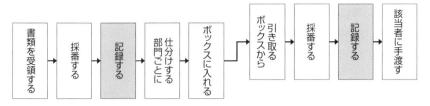

佐藤「そんなはずないですよ。うちで記録したのは全部ボックスに入れましたから」
吉田「他部門に紛れ込んだりしなかったかな」
佐藤「だとしたら戻ってくるでしょう。でも、ここには戻ってきていません」
吉田「でも、うちでは受け取った記録がないもの」
佐藤「知りませんよ。うちは受け取ってボックスへ入れましたから、その後のこ
　　とはわかりません」

　総務部で記録があるので、会社としては受け取っているのだろう。しかし、どの時点で紛失したのか、どこに過失があったのかは、何もわからない状況である。ここで「渡した」「もらっていない」とお互いが言い合っていても真相は闇の中だ。吉田は仕方なく、改めて請求書の送付をお願いすることにした。

● 報告資料の作成（センター⇔本部）

　午後、吉田は自センターの入電実績やお問い合わせ用件別の受付件数等のデータをシステムから取得し、本部宛の報告資料として作成した。「これくらいのデータは、本部でもシステムから取れるのに」と思いつつ、それでも、「他地域を含めて全センター分を日々拾い上げるのは大変か」と、いつものように資料をまとめると結果を本部へ送信した。

　一方、本部では、各センターが日々送ってくるデータをもとに、部長報告用にとりまとめ資料を作成していた。とりまとめ資料といっても、各センターが送ってくる項目とほぼ同じものが並んでいる。しかし、以下のような事情もあり、ただまとめて提出するというわけにいかない。

◆ データ項目の並び順がセンターごとに違っている
◆ ある特定データの発生割合の算出がされていない
◆ 各データの推移が見えない
◆ 各センターの比較ができない

鈴木は各センターのデータをコピーしてつなぎ合わせ、新たに報告用資料として仕上げながら、「同じデータなのだから、各センターがこの資料を埋めてくれればいいのに…」と思う一方で、「各センターに、これ以上の負荷をかけてはいけない」という配慮も必要だと感じている。鈴木はすべての支社からのデータが揃うと、いつもどおり、データのコピー入力作業をはじめた。

●お客さまとの電話のやりとりと訪問対応（センター⇔営業部門）
　お客さまセンターの受付担当である田中は、お客さまから電話での問い合わせを受けて、お客さまの状況を確認した後、現場確認と見積もりのための訪問約束をとろうとしていた。
お客さま「いまの状況から、だいたいで構わないから金額がわからないかな」
田中「申し訳ございません。現場を見てみないことには」
お客さま「だっていま、おおよその状況は伝えたじゃない」
田中「はい。そうなのですが、あいにく私にはわかりかねまして」
お客さま「えぇ、だったら現場を見たうえでお見積もりしますって最初に言ってくれればよかったのに」
田中「はい。申し訳ありません」
お客さま「じゃあ、すぐきてくれるの？」
田中「日程をお調べしますので少々お待ちください。（確認後）お客さま、現在、大変混み合っておりまして、お伺いできるのは明日の夕方になってしまいます」
お客さま「それから見積もりになるってことよね。じゃあ、ほかもあたってからにするわ。急いでいるし」
田中「すみません。承知いたしました。改めてよろしくお願いいたします」
　受付終了後、田中は問い合わせ用件として「お見積概算要求／訪問候補日合わず、改めてご連絡を依頼」とシステムに入力した。
　一方、営業部門ではお客さまセンターで受けた問い合わせをもとに営業担当者がお客さまを訪問する仕組みをとっている。
　ある日、現場確認のために客先を訪れた営業部の高橋は、「センターで受け付けるときに、これぐらい事前に聞き出しておいてくれたら、そもそも訪問しなくても対応できたのに。いや、訪問以前に、センターでも回答できたんじゃないか。まったく、これくらい対応してくれれば自分たちの仕事ももう少し楽になるのになぁ。もうちょっと、業務知識を身につけてほしいよ。でも、そもそもセンターから聞

いていた話が違うことだってあるしなぁ。まともに聞き取りもできないのかな？これなら、自分たちで細かく聞き出したほうが早いかもな。センターができても、営業の仕事はちっとも減りやしない」「きょうは無駄足に終わったな」と振り返りながら、帰路についた。

●問い合わせ内容の分析とフィードバック（センター⇔各部）

　月末に吉田は、改めてお客さまからの問い合わせ用件を集計している。各担当が記録した内容を読んでいると「企業として、お客さまにもっとできることがあるのではないか（そのほうがより自社の利益にもつながる）」と思うことがある。しかし、センターのお客さま対応だけでは解決できないことも多い。今月も図表16-2に示すような問い合わせが入っていた。

　主な問い合わせ内容を見ながら、お客さまとのやりとりを直接耳にすることの多い吉田は、「そうそう。この、見積概算要求なんて典型」「およそどのくらいですかって、大抵聞かれるのよ。確かに、自分がお客さまだったとしたら、訪問とか大掛かりになる前に、まずはだいたいでいいから、概算を知りたいと思うもの。でも、概算金額や時期（見込み）がひとり歩きして、あとで大きく違ったら、お客さまにも迷惑をかけることになるしね。それに、営業から、実際と違うとあとで何か言われても困るし。まあ、いろいろなお客さまの状況があるからこそ、勝

図表16-2◆問い合わせ内容

お客さまのタイミング	主な問い合わせ	
情報収集・ 自身の状況に合わせた 提案を受ける	企業情報照会 商品仕様照会（どのような仕様か・利用環境制限はあるか） 付随・付加サービス（どのようなものがあるか/別費用か） 利用までの流れ・所要時間（頼めばすぐ利用できるのか） 概算／詳細見積もり依頼 提案資料の詳細確認 ：	広告・パンフレット内容照会 現物確認依頼 自社現場の確認依頼
契約・各種情報照会 諸手続き	各種書類の記載方法 キャンセル・想定と異なった場合の対応方法 契約内容照会／変更対応 ：	支払方法の種類・可否 請求情報照会
進捗確認	書類送付到着確認 ：	到着・利用可能時期の確認

手に判断するな、と言われているのだから、仕方ないわね」と思いながら、集計結果を報告資料に載せた。

　センターに入った問い合わせは、他部門に対して「お客さまの声」として報告するほか、意見することもある。しかし、センターの考えを意見として伝えると、「センターだって他部門のこと言えるほどできてはいないでしょう？　たとえば、もっとお客さまをお待たせすることなく対応できないの？　報告資料にまとめられているお客さまの声だってわかりにくい」などと言い返される。

　吉田はそのたびに、
「お客さま対応だけでなく、お客さまのニーズを聞き出して各部へフィードバックするのが役割と言われるけれど、その声を記録するにも時間がかかることは、わかっているのかしら。だいたい、お客さまをお待たせしないように、早く次の電話に出ろと言うけど、そもそも各部門がちゃんと対応してくれていれば必要以上の電話は入ってこないはずなのよ。それに、いろいろと聞き出して報告した割には、サービスが良くなったって話もあまり聞かないし。だったら忙しいときは少しくらい記録を簡単にしてもいいようにならないかしら」
「いやいや、お客さまの代弁者としては、きちんと伝えるべき声として残さなくては。でも、これまでお客さまの声を参考にサービスや対応が変わったようには思えないのよね。もう、センターだけでがんばっても解決しないことばっかり。だれか全体を見て話ができる人はいないのかしら。でももし、センターが音頭をとって取り組め、なんてことになったら大変だしなあ。これ以上、さまざまなことにかかわっていたら、自分の仕事ばかりが増えてしまう」
などと感じている。

　吉田は、もっと組織間で話し合い、調整することが、最適な進め方につながるような気はしているが、日々の業務を抱えながらそのような時間を持つことは容易ではない。「まずは自分たちの部門がすべきことをきちんとやってからにしよう」。そんなことを思いながら報告資料の作成を終え、「概算のお見積もり依頼について、もっとお客さまにご満足いただけるよい伝え方や対応はできないか」と再び思いを巡らせるのであった。

解　題

部門間における資料の確実な受け渡し

　両部門はなぜ、それぞれに授受簿を作成しているのか。おそらく過去に資料の紛失等があり、どの時点でなくなったのかを明らかにしようとして、資料の数を両部門で確認し合うためにはじめられたのではないか。

　しかし、確認することだけが目的なら、各部の授受簿は不要である。最初の受付部門（総務部）の記録簿から受付は明らかであり、その引き渡しや受領は総務部の記録簿を確認（簡易的には、その部数を頭紙などに記して受領時にその場で確認）すればすむ。

　二重管理は、各部での採番・記録に時間を費やすばかりか、記録もれや記録時の誤り（転記ミス）を生じさせる。そのうえ本来、めざしていた確実な授受にも役立っていない。

　その業務の目的は何か、当該業務は目的達成にふさわしい、効果的効率的な手段か、を改めて考えたい。

報告書の利用目的とデータの活用法を明確にする

1◆報告書に必要な項目は、利用目的から考えて共通化をはかる

　データの授受においても、資料の授受と同様の二重管理（ここでは、両部門でのデータの取得・入力）が生じている。各センターのフォーマットが異なることで、各センターの報告書の加工業務も本部には付加され続ける。

　なんのためにそのデータを取得し、本部として何を求めているかを明らかにし、必要なデータの共通化をはかる。

2◆資料のアレンジは作業効率も考慮し、類似の資料を集約する

　「○○データをこのように見たい」と、データをアレンジした資料作成の指示が上司からなされるのは、めずらしいことではない（今回の本部からセンターへの報告資料の作成依頼も同様である）。指示を受けた側はそれなりの時間をかけて資料を作成する。一度作成された資料は、担当者が「また、同じように言われるだろう」と判断し、都度作成されるようになる。当の上司

や担当者が異動したとしても、この資料づくりは継続され、同じような資料がどんどん増えていく。その結果、作成はしていても使用されていない資料が残っていることも多い。

　資料の作成が新たに必要となる場合はある。しかし、その資料作成にどの程度の負荷がかかり、現在あるもので代替の余地はないかを考えることも重要である。

3◆コミュニケーションを密にし、実現方法の詳細を確認する

　本テーマでは、センターも本部も自身の業務に対して感じている問題点や不満、相手への期待について、直接相手と話す機会を持っていない。同じような資料が複数作成されていることについても、「この資料で代替できないか」との相談は、なされていないようだ。

　センターは、提出した資料を本部が編集し直しているとは知らず、本部は、そもそもシステムを用いて本部自身でデータを取得できるものと認識していない。そこには、互いに「相手にとっては、きっとこのほうが都合がよいのだろう」との思い込みがある。

　このような相互の配慮が非効率を招いている例はよく見受けられる。相互の部門で活用できる情報であれば、どちらか片方が作成すれば用が足りる可能性が高い。

4◆資料作成に向けた準備と協力

　本部のみが活用する資料は、そのデータ取得が本部でできるのであれば「本部が作成したほうが効率的」である。しかし、現場であるセンターに確認すべき事項（たとえば、データを分類するにあたっての定義や、同じ項目としてまとめられるかといった確認）が多々あるなど、結果的に現場への問い合わせが増えるのであれば、現場が対応したほうが早い場合もある。資料作成はどちらかが一律に担うのではなく、センターの判断要否や、本部とセンターの体制（稼働可能な時間量）から最適な分担を探ることが大切である。

　そのうえで、現場へ依頼するにあたっては、「現場確認が本当に必要なのか、現場の対応そのものを減らせないか」を考えたい。本部としては、処理の都度、現場へ対応を依頼したほうが仕事は速いこともあるだろう。しかし、問い合わせに対して現場側は都度、業務を止めてその確認にあたることになる。

「確認することなく、あらかじめ判断できるような仕組みはつくれないか」を、両部門が話し合って決めることも求められる。

プロジェクトチームを通じた部門間連携の検討

お客さまが求める見積もり概算の要求に応えきれずにいるセンターも、無駄足に終わった案件に愚痴をこぼす営業担当も、相手部門に対して期待（不満）を持っていても、その期待を相互に話し合ってはいない。センターの管理者・担当者も、営業担当も、「所属部門で対応可能な範囲」でのみ行動しているにすぎない。

これでは、いつまで経っても相手先部門が期待に応えることはない。セン

図表16-3◆「お客さま」「センター」「営業」の期待と思い

お客さまの期待	センターの思い	販売・セールスのセンターへの思い
早く、回答を得たい	・お客さまをお待たせしたくない（しかし、以下のようななかで時間がかかっている）	・数多く電話を取ってほしい
自分に合った情報を得たい ①情報収集段階 ・どんな感じのものか ・自身に合っているものかざっくりと知りたい ・大体の金額を聞いてから考えたい ②検討・決定段階 ・自分に合った情報を得たい	・引き継ぎたい気持ちもあるが、お客さまの温度がそれほど高くないうちからどう引き継ぐか。その対応がむずかしい ↕ ・おおよそ、伝えるべきこと、伝えたほうがよいことは伝えたい ・いろいろとお客さまから情報を収集したら、引き継がずにそれだけの対応が期待されてしまう。そのときにどう対応すればよいのか悩む	・引き継いでくれればこちらでなんとかする ↕ ・最初に対象となる顧客であるかどうか、ある程度スクリーニングしてほしい（見込みが高ければ優先的に対応する） ・勝手に判断されては困る
何度も同じ話をするのは面倒である（正しく理解・引き継いでほしい）	・どこまで、何を聞き取ればよいのか ・記録するにも時間がかかる	・必要な情報を聞き取って、正しく引き継いでほしい
わかりにくい、知りたい	・引き継いだ声には対応してほしい（どのような判断がなされているのかわからない）	・わかりやすく書いてほしい ・欲しい情報が足りていない ・なんでも対応できるわけではない

ターは「見積もり概算要求」には応えられないままであり、営業担当も「お客さまの質問事項」を事前にセンターに聞き出してもらうことができず、無駄足となる訪問を繰り返すばかりである。

　このような状況がたび重なると、他部門に依頼したいことがあっても言わなくなるなど、連携・協力はむずかしくなる。そして組織間での風通しが悪くなると、本来は企業として、もっとお客さまの期待に応えられるはずの対応にも限界が生じる。

　他部門への依頼に遠慮が生じるのは、「他部門に意見することは、通常の各部門の役割・職責・権限を逸脱することであり、他部門がその依頼に応えるにあたり、翻って自部門にも負荷がかかる」と考えるためである。各部門にはそれぞれの役割があり、責任と誇りを持って業務にあたっている。他部門からの「もっと＊＊してほしい」という依頼は、「自部門の業務のやり方を批判された」と感じられ、なかなか好意的には受けとめられにくい。

　また、素直にその対処に努めようとすると、ほかの部門も巻き込んだ取り組みが必要となることも多い。たとえば、センターがお客さまに対して、疑問点を事前に聞き出すには、「質問したい点をどう聞き出しておいたらよいか」「その疑問点から派生するお客さまからの質問にはどのように対応すべきか」を営業部門とともに整理しておく必要がある。

　その負荷は、一過性のものではあるが、営業部門として小さいものではない。結果、「事前に質問点をお客さまに伺えないのは、営業も忙しく整理に協力してもらえないからである」と他責の文化が形成されやすくもなる。「全員がお客さま（社内であればプロセス前後の相手先）を向いて対応する」「全社的に業務プロセスの効率を考えて対応にあたる」ことが大方針であれば、「所属部門で対応可能な範囲」を超えて解決策を見出す必要がある課題も多い。そのためには、部門横断での検討が不可欠である。したがって、各部門内個々の改善活動は継続しつつ、全社的な視点での検討や活動の展開（たとえば相互の部門間の声を起点とした業務改革プロジェクト）を進めていくことが求められる。

1◆体制の構築と上層部のフォローアップ

　全社横断的なプロジェクトで問題解決にあたる場合は、プロジェクトチー

ム立ち上げの背景や目的、プロジェクト組織およびリーダー、メンバーの役割、そのプロジェクトで具体的に何をするのか、責任と権限を明確にする。その際、上層部は、リーダーの所属部門にかかわらず、各部門がプロジェクトに協力する姿勢で臨むよう働きかけ、開始当初はもちろん、その後も認識が継続されるよう、時に振り返り、再確認しながら、プロジェクト遂行の環境を整えることが求められる。

2◆関係各組織からのメンバー招集と全体視点での検討

どの部門の業務も、時間の経過とともに変わっていくことがある。それを踏まえると、主要メンバーは各部門から選出することが望ましい。メンバーは部門の業務を把握していることを前提とし、リーダーは各部門の業務をメンバーに確認しつつ全体をとらえることが求められる（リーダーの役割はプロジェクト推進の進捗管理をすることではない）。各メンバーも自部門の業務フローを明らかにしつつ、他メンバーの業務フローの理解を通してリーダー同様の認識で臨む。

各部門・組織から選出されたメンバーは、個々に各部門の思いを部門横断の業務検討会で情報提供しつつ、「どの組織でどのように業務を進めることが最適なサービス提供・業務プロセスの実現となるか」「関連する組織では、何をどう支援できるか」を考えていく。

プロジェクトを進めるにあたっては、必要時間をある程度、確保することが求められる。兼務ではあっても現業ばかりが優先されるのであれば、プロジェクトは機能しない。各部門のメンバーの日程も考慮したうえで、プロジェクト業務について、継続した一定時間が確保されることが不可欠である。

3◆各組織へのフィードバックによる情報共有

各部門に戻って、全体効率化の活動を進めるにあたっては、「どのような理由で、どういう判断がなされたのか」をフィードバックする。

たとえば、本ケースの授受簿の登録や報告書作成は、業務そのものがなくなるわけではなく、最終的にはどこかの部門で対応しなければならない。部門によっては、通常業務に加えて、さらに負荷が増すこともある。このような、業務が継続される部門においては、自部門が対応することに至った背景や自部門の対応結果が全社的にどのように役立つのか（他部門の業務の削減

量としてどの程度貢献できるのか）を示すとともに、全社への役立ち度合いを理解し、必要な業務であるとメンバーに認識してもらうことが、「大変だががんばろう」といった担当者一人ひとりのモチベーションにもつなげられる。

　プロジェクトと各組織の連携という観点からも、検討においてどのような判断がなされ、どういう結論に至ったのかまでを明らかにしていくことが求められる。

（皆越由紀）

企業体質改革

17. 「選ばれる病院」への変革

設 問

　医療機関が患者の本音を聴き出し、それを経営に取り入れていくには、どうしたらいいのかを考えてください。

- **●ねらい**　顧客である患者の本音に気がつかないまま医業経営を進めた結果、慢性的な赤字となっている医療機関は少なくない。顧客の本音を聴き出し、関係者にそれを届け、選ばれる病院に変革していく方策を明らかにする。

ケース

●**主な登場人物**

猪狩理事長：寿子病院理事長、56歳。一代で当院を築き上げた才覚を持つ。
冬口院長：寿子病院長、62歳。猪狩の元オーベン（指導医）。請われて院長職に就くが、すでに一線を退いており、病院経営に対する熱意はない。
赤　井：医局小児科医、34歳。
鏑木師長：看護部第一病棟看護師長、33歳。
梶井課長：事務部総務課長、34歳。赤井、鏑木とは高校の同窓。

●**早期退院患者の急増**

　寿子病院は、とある地方都市の急性期医療の一翼を担う総合病院である。創立

20年目を迎え、幾度かの移転・増床を経て、病床数は120床と中堅規模にまで成長している。

　ある日、「第一内科の鵜飼先生、至急、第一病棟までご連絡ください」と院内アナウンスがあった。これを発端として事態は大きく展開していく。

「困ったわね、またうちの病棟から予定外転院が出ちゃった…」。鏑木は病床管理システムのモニターを見ながらため息をついた。退院予定日よりも早く転院を望む患者は今月すでに20名にのぼる。平均在院日数の短縮化が急務の急性期病院にとって、早期退院は歓迎すべきことだが、それはあくまで地域連携室が回復／療養期病院と協力・調整し、受け入れ先をしっかり確保していることが前提となる。予定外の早期退院の頻発は、受け入れ先との調整業務を煩雑にするほか、病床稼働率の低下にもつながる。

　鏑木は、「ちょっと、つき合いなさいよ」と勤務明けに、高校時代の同窓である、総務課の梶井と小児科医の赤井を飲みに誘った。

「アタシたち看護部は患者さんのためにこんなにがんばっているのに、なんで患者さんはすぐに退院したがるのよ」。吟醸酒をあおりながら鏑木は愚痴を続ける。「第一内科のセンセイってあまりいい噂聞かないのよね。病棟回診でも患者さんとほとんど話さないし。ねぇ、赤井センセイはどう思うあのヒトたち？　絶対、患者さんはセンセイの対応見て出ていっちゃってるよね？」

「さあ、私は科が違うから、なんとも言えないわ。想像するだけじゃなくて、患者さんに直接理由は尋ねたの？」。赤井は病棟に戻るらしく烏龍茶のグラスを傾けながら答えた。

　それを受けて、地域連携室と距離が近い総務課の梶井が、「それが、不満らしい不満はないらしい。先生にも看護師さんにも親身にお世話いただいたおかげで、元気になってきました。家族のことも気にかかるので早く近所の病院に戻りたいんです、だってさ。なんか不思議な感じで気味が悪いよな」と答えた。

　しかし赤井は、「不思議なことかしらね…」と意味ありげにつぶやいた。

　一方、梶井は「事務方は毎週、理事長に病床稼働率の報告をしなきゃいけないから気が重いよ。20名もの患者さんが予定日より3日早く退院すると、月間の稼働率が2％近くも下がっちまう。またドヤされるなぁ。俺たちに言われてもどうしようもないのに」と愚痴っぽくなってきた。

「ねえ梶井君、私たちって本当に患者さんの声を聴けているのかしら？　たぶん、私や鏑木師長のような医療従事者に対して、患者さんって直接不満をぶつけるこ

とはなかなかむずかしいと思うの。医療に直接は従事しない、総務の立場だからこそできる、患者さんの本音を探ってみたらどうかしら」。赤井は諭すような口調で話す。
「そうよ、梶井君、大学で学生の実態調査とかやってたそうじゃない！ アンケートをつくってみなさいよ。患者さんがどう思っているのか、私も知りたいわぁ」。鏑木の目が輝く。
「勘弁してくれよ鏑木、そういう昔のことを言うのは…。まあでも理事長に話してみるのもアリか」

●アンケートで示された実情
　理事長の承認を得て、翌週より入院患者、外来患者にアンケートを実施した。患者のプライバシーに配慮して無記名式とし、事務部門が主体となって配布・回収を行なった。
「やっぱり入院患者からは不満という不満は出てこないなぁ。あっても、待合室の椅子が少ないとか、待ち時間が長いとか、外来関係ばかりだ」。梶井は集められたアンケート票をめくりながらつぶやいた。しかし、ある自由回答欄に目がとまると顔色が変わった。
「あっ、これはマズイ。『院長先生よりも、もっと若手でバリバリやってそうなお医者さんに診てもらいたい』って、こんなこと絶対報告できないぞ。うわっ、こっちは『先生が看護師さんを怒鳴りつけてばかりで不安になる』か。これは第一内科長だな。あのセンセイの機嫌損ねると面倒くさいことになるぞ…。う～ん、とりあえずこのあたりの回答はなかったことにしておこう…」
　周囲を見回しながら、何枚か用紙を抜き取りシュレッダーにかけていった。その後、調査結果をまとめた梶井は、理事長の猪狩、院長の冬口へ次のとおり要旨を報告した。

◆ 入院患者からは大きな不満はみられなかった
◆ 外来患者からは待合室設備に関する不満、待ち時間に関する不満がある
　→待合室の設備投資、外来予約システム導入により満足度向上が期待できる
◆ 昨今の予定外転院は患者の不満というより、クリニカルパスの徹底による早期治療の結果といえ、むしろ医療品質の観点からは望ましい結果と思われる
　→地域連携室による後方病院との連携強化で予定外日数の縮小が期待できる
　梶井からの当たり障りのない報告を聞きながら、冬口は満足そうにうなずいた。

「さすが事務部きってのエース・梶井君、非常に課題が明確になったレポートだ。将来の事務長はもう目の前だね。やはり、当院は地域でも選りすぐりの先生方が集まっているだけあるな。患者さんの声からも、改めて医療品質の高さを確認できたよ。さて、課題となる設備投資だが、私はお金のことはよくわからないので、見積もりをいくつか集めて、あとで理事長に出しておきなさい。私からも進言しておこう」

「そんな、冬口院長からお褒めの言葉なんて、恐縮至極です。すぐに手配を進めてまいります！」。梶井は浮足立って会議室をあとにした。ただ、報告の途中で、「冬口先生、あとは頼みます」と一言残して離席してしまった理事長の後ろ姿が気にかかっていた。

● 顧客の真意が反映されない改革の行方

「な〜んか、つまんない調査結果よね〜。梶井君、これ本当にこんな結果だったの？」。調査レポートを読みながら鏑木が聞いた。

「何言ってるんだ鏑木、貴重な患者さんの声だぞ」。梶井は、焦りを隠し、つい声が大きくなってしまった。

「でも、これって結局、目立った不満はなくて、外来の椅子を増やしてパソコンを新しくするだけでしょ？ アタシたち、病棟側は何も変えなくていいの？ 本当？」。鏑木が梶井の顔をのぞき込んだ。

「そうだよ、これこそが気づかなかった課題なんだよ。冬口先生のお墨つきさ。それよりも、今度うちで育てているスイカでも食いにこないか？」。梶井は無理やり話題を逸らすのであった。

＊

半年後、外来への設備投資が功を奏し、患者数は増加傾向に転じた。予定外転院数に大きな変化はないが、地域連携室の奮闘により病床稼働率はギリギリ採算ラインを保つことができ、いわゆる外来依存型の収支構造になりつつあった。

＊

１年半後、外来への設備投資効果が薄れはじめ、患者数が落ち着くと、収支は一気に悪化し、あっという間に赤字病院へと転落してしまった。冬口はさらなる設備投資を猪狩に打診するが、逆に病床削減の方針を言い渡されてしまった。

「なんでこんなことになってしまったのかしら…」。病床削減の煽りを受けて、健診施設への異動が発令された鏑木は、病棟師長募集をスマートフォンの求人サイ

トで探している。赤井は外来設備投資しか手が打たれないことを知ると、早々に県外の急性期病院へ移ってしまった。
「保険をかけたことが仇になったなぁ。やっぱり俺、間違っていたのかな…」。梶井は新規に立ち上げる老人介護施設へ庶務スタッフとして投入され、実質、降格処分を下されてしまった。

＊

　数年後、寿子病院は規模を大幅に縮小し、急性期病院から回復／療養期病院へと移行する。そして、複数の介護施設群を擁する、高齢者に特化した福祉中心のサービスグループにビジネスモデルを転換していった。理事長の先見性と強力なカリスマ性、経営手腕によるものなのか、なんとか安定した医業経営ができているようではある。しかし、そこには赤井、鏑木、梶井の３名の姿はない。

解　題

　医療機関は一見すると他の業種と大きく異なり、売り手優位の関係性を顧客（患者）と築いているように思われがちである。しかし、顧客の本音に気がつかないまま医業経営を進めた結果、慢性的な赤字となっている医療機関も少なくない。
　顧客のなかには、「モンスターペイシェント」といわれる自己中心的で理不尽な要求、暴言を繰り返す患者もいるが、多くはサイレントカスタマーとして行動する。本ケースのように、気がついたら顧客が減少していて経営が立ち行かなくなり、業態転換を迫られることはよくある。
　今回、改革を妨げた一つの要素として、患者満足度調査の失敗があげられる。以下でその要因を確認していくが、たとえば医局や看護部以下、他部門が調査を実施した場合であっても、事務部が事実隠蔽をした本ケースと同様の結果は起こりうる。顧客の本音をいかにして聴き出し、関係者にそれを届け、選ばれる病院に変革していくか、その方策を明らかにする。

患者満足度調査を阻害する「二重の壁」

　医療機関の患者満足度を、当該機関が独自に院内で調査することは非常にむずかしい。そこには大きな二重の壁が存在するからである。

1◆明らかにされない本音［第1の壁］

　医療従事者および事務部門から、通院中や入院中の患者にアンケートを実施する場合、たとえ無記名であっても本音が書かれる保証はない。地域によっては医療機関・医療従事者に対して、患者側からおいそれと「不満を述べる」こと自体を禁忌とする傾向もみられる。一方で、少しでもよい医療サービスを受けようと、自主的に記名し、医師や看護師への感謝の言葉で余白を埋め尽くされることもめずらしくない。しかし、本当に改善すべき情報を持っている患者は当該機関から離反しており、その本音は獲得できない。

2◆伝えられない本音、変わらない現状［第2の壁］

　仮に本音を明らかにできたとしても、次に立ちはだかるのが、「調査結果

をだれが、どのように、医療従事者（特に医師）に伝えるのか？」という壁である。医療機関という組織では、医局という絶対的な権力に対して他部門から意見を具申することは非常にむずかしい。医局内でも各診療科内で明確なヒエラルキーがあり、上位者への意見具申も同様となる。そして、診療科間では相互不干渉の掟がある。

このような背景から、得てして、患者の本音は耳あたりのよいレポートに変換されて医局に届けられる。医局部長は調査レポートを満足そうに一通り眺めると、書庫に保管し、二度と開かれることはない。

医療機関における顧客の本音の聴き方、受けとめ方

上記のような状況を打破するために、先進的な多くの医療機関では外部調査機関を活用している。外部調査機関を活用するポイントは以下のとおりである。

1◆本音を明らかにする
- 調査主体は、医療機関から独立した第三者組織の調査であり、調査結果から個人情報が導かれることがない点を明確に宣言する
- 外部調査機関はいわゆる「医療専門調査機関」とうたわず、さまざまな業界で広く満足度調査を行なう組織と称するほうが望ましい

　回答者は医療機関との密接なつながりを想像した時点で心を閉ざし、本音を明らかにしないからである。
- 調査対象は、通院中、入院中の患者に限らず、当該機関を中心とした地域診療圏を設定し、広く無差別に聞き取る

　回収率は非常に低くなるが、離反患者から離反原因や改善の着眼となる貴重な情報を得ることが見込まれる。また、一度も当該機関を利用したことがない、いわゆる未利用者からも、口コミによる忌避の実態が把握できる。

2◆本音を伝え、変える
- 調査結果は、外部調査機関から、医療機関の経営責任者および対象部門の責任者へ直接レポーティングする
- 報告は部門ごとに個別に行ない、経営責任者が常に対象部門の責任者と同席することが望ましい

各部門を一堂に会して報告会を実施してしまうと、医局・看護部といった強い権力を持つ部門から、その他の弱い部門へ責任が転嫁される可能性が高い。部門長が、自部門の課題であることを認識し、経営責任者と改革へのコミットメントを結ぶことで報告は初めて意義をもつ。

◆ レポート内容から明らかになった課題に対しては、経営責任者直轄のタスクフォースを組織し、解決にあたる
◆ 部門横断的な課題がある場合は、各部門から代表者を選抜する
◆ 部門代表者（医局を除く）は、経営責任者が直接指名すると部門内での位置づけを与えることになるので、若手であったとしても活動がしやすくなる
◆ 医局からの代表者は、影響力と改革意欲のある診療科長以上の役職者が望ましい

　多くの医局では組織的な診療科統治が形骸化しており、課題解決には各科のキーパーソンとなる医師を一人ひとり説得して回るというタフな局地戦が求められるためである。

（加藤修之）

執筆者略歴

●伊藤冬樹（いとう・ふゆき）
1980年早稲田大学理工学部機械工学科卒業、プラントエンジニアリング会社を経て1985年日本能率協会コンサルティング入社。1990年よりチーフ・コンサルタント。コンサルティング分野は人材マネジメント全般（ラインマネジメント革新、企業体質革新、人事制度革新、ビジネスリーダー育成、高齢社員マネジメントほか）。著書『信頼・貢献バリューに基づき「動機づく職場」を実現する』（共著）『ロジックチャート提案法』『POST計画ですすめる－図解－ホワイトカラーの生産性向上』（共著）ほか。

●江渡康裕（えと・やすひろ）
コンサルティング経験28年を通じて、「顧客満足を起点とした経営改革」を主軸とし、BtoC、BtoBの双方で、CS戦略・マスタープランの立案からその実践、マーケティング強化、さらには従業員満足向上などを手がける。近年はこれらの経験にもとづきCS（顧客満足）×ES（働きがい）×WS（働き方）を統合した経営課題解決に取り組んでいる。2013年よりシニア・コンサルタント。

●掛足耕太郎（かけたり・こうたろう）
2000年明治大学法学部卒業後、大日本印刷を経て2006年日本能率協会コンサルティング入社。2013年よりチーフ・コンサルタント。「営業競争力強化」および「顧客満足を起点とした経営改革」を主なテーマとしている。立案した戦略を具体的な行動に落とし込むためのノウハウを豊富に持ち、高い実績を残している。特に営業改革においては、営業担当者のスキルアップ・モチベーション向上を得意としており、多数の実績を有する。

●加藤修之（かとう・のぶゆき）
2005年早稲田大学政治経済学部卒業後、日本能率協会コンサルティング入社。2015年よりチーフ・コンサルタント。コンサルティング分野は医業収支総合改革、営業人材育成、新規事業立ち上げ支援、業績管理の仕組み構築、本社機能／物流機能を中心とした業務設計など。著書『病院経営のための財務会計・管理会計』『オフィスの業務改善がすぐできる本』『続・物流改善ケーススタディ65』（いずれも共著）ほか。

●才木利恵子（さいき・りえこ）
1984年東京大学経済学部卒業。大手流通業を経て日本能率協会コンサルティング入社。1997年よりチーフ・コンサルタント。コンサルティング分野は人事制度革新、組織活性化。著書・論文「SMにおける売場サービス水準向上とローコストオペレーションの同時実現」「4つの「場」アプローチで実現する社員が"動機づく"職場」「信頼・貢献バリューに基づ

く活力のある職場の実現」ほか。

● **長崎　昇**（ながさき・のぼる）

1977年早稲田大学商学部卒業、1983年日本能率協会コンサルティング入社。2008年多摩大学大学院経営情報学研究科修了。1990年よりチーフ・コンサルタント。現在、JMACテクニカルアドバイザー、国土交通省国土交通大学校講師、城西国際大学経営情報学部非常勤講師。著書『超現場主義』『防ごう！ 守ろう！ 新型インフルエンザ』（共著）ほか。

● **蛭田　潤**（ひるた・じゅん）

1985年立教大学経済学部卒業後、日本能率協会コンサルティング入社。2014年よりシニア・コンサルタント。コンサルティング分野は顧客価値・CS向上、業務改革、組織文化変革。著書『図解でわかるコールセンター／ヘルプデスク』『図解でわかるベスト・コールセンター・マネジメント』『お客様に対応する業務の品質管理』（いずれも共著）ほか。

● **増山弘一**（ましやま・ひろかず）

1986年筑波大学大学院経営・政策科学研究科修了後、日本能率協会コンサルティング入社。1991年よりチーフ・コンサルタント。コンサルティング分野は人事制度革新、適正要員数設定、能力開発システム構築、オフィス業務改革、ナレッジマネジメント実践。著書・論文『異業種に学ぶ病院経営チェックポイント50』（共著）「なぜ、ホワイトカラーの生産性向上策は、業績に結びつかないのか！」「君と企業の情報化度チェック」「ナレッジマネジメントの有効性を高める」「業務遂行を円滑にし、利益を確保できる適正な社員数をどう算出するか」ほか。

● **皆越由紀**（みなこし・ゆき）

1997年東京女子大学文理学部卒業。SI企業のS.E.を経て2003年日本能率協会コンサルティング入社。2008年よりチーフ・コンサルタント。2017年に生産性向上国民運動推進協議会（総理官邸）にて、外食産業の生産性向上の取り組み事例・成果報告を行なう。コンサルティング分野は顧客起点によるサービスの見直し・業務およびマネジメント改革、管理間接部門の業務改革、システム導入の検討支援など。

● **渡邉　聡**（わたなべ・さとし）

サービス産業を中心に、CS・マーケティング領域において20年以上のコンサルティング経験を有する。2013年よりシニア・コンサルタント。コンサルティング分野はCS経営推進、サービス生産性向上、新商品・サービス開発、サービス競争力強化、サービスマネジメント、業務改善など。近年は、サービス産業のコンサルティング経験を活かし、製造業のサービス化にも注力している。

続・企業内研修にすぐ使えるケーススタディ
― 自分で考え、行動する力が身につく

編著者◆
㈱日本能率協会コンサルティング

発行◆2018年10月10日 第1刷
　　　2025年 3月10日 第5刷

発行者◆
駒井　永子

発行所◆
経団連出版

〒100-8187 東京都千代田区大手町1-3-2
経団連事業サービス
URL◆http://www.keidanren-jigyoservice.or.jp/
電話◆[編集] 03-6741-0045　[販売] 03-6741-0043

印刷所◆富士リプロ

©JMA Consultants Inc. 2018, Printed in JAPAN
ISBN978-4-8185-1803-2 C2034

経団連出版　出版案内

企業内研修にすぐ使える ケーススタディ

ケーススタディ研究チーム 編著　A5判 232頁 定価（本体1800円＋税）

専門講師を招いたときと同等の研修が、自社でできる研修ツール集です。物語仕立ての各ケースには「設問」だけでなく「模範解答」も収録。職場ミーティングなどにも幅広く活用できます。

コミュニケーション・トレーニング
人と組織を育てる　改訂新版

諏訪　茂樹 著　A5判 206頁 定価（本体1800円＋税）

効果的なコミュニケーションを実現するための24の技法を取り上げ、進め方(進行役や参加者の役割など)を解説しています。ケーススタディを通して「話し方」「聴き方」が学べます。

すぐできるすぐ効く
新選　教育研修ゲーム

田中　久夫 著　A5判 208頁 定価（本体1800円＋税）

新任の研修担当者でもすぐ実施できる新しいゲームを精選した運営指導マニュアル。期待できる効果、対象者と時間、準備する教材、ゲームの進め方など、ゲーム展開の手順を解説しました。

組織の未来をひらく
創発ワークショップ

★旧態依然、閉塞感、諦めなどの「壁」を突破する！
★イノベーションを生み出す！

野口　正明 著　A5判 148頁 定価（本体1400円＋税）

業績低迷中の事業が直面する根本的な問題を探し出し、解決策をみつけ実践していくポイントを30の「秘訣」にまとめ、事業革新の実践ストーリーとして描いています。

http://www.keidanren-jigyoservice.or.jp